KB135761

In memory of my little brother, Geunju(1976-2021)

일러두기

• 같은 숫자라도 네이티브에 따라 읽는 법이 다르므로 이 책에서는 가장 일반적인 숫자 읽는 방법을 제시했습니다. 필요한 경우에는 숫자 읽는 법을 두 개씩 표기하고 둘 다 녹음했습니다.

• 네이티브가 일상에서 많이 사용하는 구어체 영어표현을 최대한 살렸습니다. 최근 젊은 미국 사람들이 사용하는 영어 어휘와 문법도 반영했습니다.

한권으로
끝내는

숫자의
영어표현

한 권으로 끝내는 숫자의 영어 표현

지은이 장근섭
펴낸이 정규도
펴낸곳 (주)다락원

초판 1쇄 발행 2022년 10월 31일

총괄책임 허윤영
책임편집 유나래
디자인 하태호
전산편집 이승현
이미지 shutterstock

웹다락원 경기도 파주시 문발로 211
내용문의: (02)736-2031 내선 523
구입문의: (02)736-2031 내선 250~252
Fax: (02)732-2037
출판등록 1977년 9월 16일 제406-2008-000007호

값 15,000원

ISBN 978-89-277-0164-4 13740

www.darakwon.co.kr
다락원 홈페이지를 방문하시면 상세한 출판정보와 함께 동영상 강좌, MP3 자
료 등 다양한 어학 정보를 얻으실 수 있습니다.

한권으로
끝내는

숫자의
영어표현

장근섭 지음

DARAKWON

네이티브는 숫자가 들어간 문장을 어떻게 말할까?

왜 영어로 숫자 말하기가 어려울까?

한국 사람이 영어를 학습할 때 가장 어려움을 겪는 부분 중 하나는 숫자일 것이다. 한국어에서는 숫자를 '만-십만-백만-천만'처럼 4자리 단위로 나누지만, 영어에서는 3자리 단위로 나누어 읽는다. 그러다 보니 어떤 숫자를 보고 영어로 정확하게 말하기란 결코 쉽지 않다. '백'은 hundred, '천'은 thousand인데, '만'은 ten thousand, '십만'은 hundred thousand가 된다. '30만 달러'를 바로 three hundred thousand dollars라고 바꿔 말하기도 어렵고, one hundred ten million people을 듣자마자 '1억 천 만 명'이라는 수가 머릿속에 바로 들어오지도 않는다.

영어로 숫자 읽는 법도 하나로 정해져 있지 않아 더욱 어렵게 느껴진다. 저자는 오래전부터 미국의 금융 전문 방송인 블룸버그를 자주 보는데 경제, 경영 관련 전문용어의 어려움은 차치하고 숫자 관련 표현을 이해하는 데도 상당한 어려움을 겪었다. 예를 들어 앵커에 따라서는 0.2%를 zero point two percent라고 말하지 않고 two tenths of a percent라고 말하기도 하는데, 처음 들었을 때는 도대체 무슨 말을 하는지 알아들을 수가 없었다.

일상생활에서 쓰는 쉬운 숫자 역시 읽는 법이 단순하지 않다. 숫자 1,500은 one thousand five hundred라고도 하지만 간단하게 fifteen hundred라고도 한다. 또한 숫자 0을 미국에서는 zero 대신 O(oh)라고 읽는 경우가 많은데, 예를 들어 James Bond의 코드명 007을 보고 네이티브는 zero zero seven 대신 double O seven이라고 읽는다. 이처럼 같은 숫자라도 상황에 따라, 또 읽는 사람에 따라 다르게 읽을 수 있으므로 네이티브가 아닌 사람 입장에서는 헷갈릴 수밖에 없다.

왜 숫자의 영어표현을 알아야 할까?

영어로 의사소통을 하는 데 있어 숫자를 정확히 표현하는 것은 매우 중요한 일이다. 숫자는 '수량', '단위', '점수', '돈', '기간', '등급' 등 다양한 주제와 연결되어 사용되는데, 어려운 경제 관련 뉴스뿐 아니라 물건의 가격을 말할 때나 개수를 셀 때 등 일상 회화에서 전반적으로 쓰이기 때문이다.

그런데 이런 숫자의 영어표현은 단순히 숫자를 영어로 읽는 법만 알아서는 해결되지 않는 경우가 많다. 예를 들어 숫자가 들어간 다음 문장을 영어로 뭐라고 말할지 생각해 보자.

- 그는 로또 1등에 당첨됐다.
- 걔는 키가 180센티미터이다.
- 의사가 3일 치 약을 처방해 줬다.
- 콩나물 2,000원어치를 샀다.
- 나는 연차가 21일이다.
- 주가가 10달러대로 폭락했다.

위에 나온 '로또 1등', '키 180센티미터', '3일 치 약', '콩나물 2,000원어치', '연차 21일', '10달러대 폭락' 같은 표현은 일상생활에서 흔히 쓰는 말이지만 막상 영어로 말하려고 하면 말문이 막힐 것이다. 한국 사람들이 궁금해하는 문장을 중심으로, 일상생활에서 곧바로 써먹을 수 있는 숫자 관련 책을 발간하고자 했던 것은 이런 이유 때문이었다. 피상적으로 숫자만 영어로 말해 보는 것이 아니라, 관련된 영어표현까지 학습하면 영어 실력을 한층 업그레이드할 수 있다.

이 책에서는 어떤 숫자 표현을 다룰까?

이 책에서는 숫자가 들어가는 수많은 표현 중, 한국사람들이 궁금해 하고 일상적으로 많이 쓰일 법한 문장 200여 개를 뽑았다. 네이티브들이 늘 쓰는 아주 기본적인 표현과 더불어 '전세 3억 5천', '19학번', '3박 4일 여행' 같은 한국식 숫자 표현도 네이티브에게 어떻게 말하면 좋을지 알려 준다. '분수, 점수, 버스 번호, 횟수'처럼 항목별로 핵심 주제를 분류해 놓았으므로, 목차에서 궁금한 항목을 체크한 후에 관심 가는 문장을 먼저 찾아 봐도 좋다.

이 책에서는 숫자와 관련된 주제를 총 9개의 파트로 나누었다. 먼저 Part 1에서는 분수, 소수, 확률 등 전반적인 '수' 관련 표현을, Part 2에서는 미터, 피트, 인치 같은 '단위'와 숫자가 결합한 표현을 배운다. Part 3에서는 숫자에서 빠질 수 없는 '돈'과 관련된 표현을 익히고, Part 4에서는 음식과 물건을 '셀 때' 사용하는 수량 표현을 학습한다. Part 5와 6에서는 각각 '시간과 기간'과 '위치와 장소'와 관련된 숫자 표현을 익혀본다. 더 나아가 Part 7은 앞서 배운 내용에서 좀 더 응용이 필요한 '비교' 및 '증감'에 관련된 표현을, Part 8에서는 '등급'과 이상/미만 같은 '정도' 관련 표현을 배운다. 마지막으로 Part 9에서는 야구, 축구, 골프, 농구 등 우리에게 친숙한 '스포츠'에서 사용되는 숫자의 영어표현을 살펴본다.

이 책으로 공부할 때는 먼저 한국어 표제문을 영어 문장으로 바꿔 써 보는 것을 추천한다. 이미 써 있는 내용만 읽어서는 실력이 늘지 않는다. 맞든 틀리든 직접 문장을 만들어 봐야 실제 회화에서도 써먹을 수 있다.

이 책은 이렇게 만들었다

이 책은 지난 15년 이상의 영어 탐구의 결과물이다. 저자는 한국어와 영어의 근본적인 차이점을 연구한 〈말하기 영작문 트레이닝〉(2013년), 〈말하기 영작문 트레이닝: 어휘편〉(2018년)을 펴내면서, 일상생활에서 많이 사용하는 숫자의 영어표현에 주목하게 되었고, 네이티브 튜터와 함께 관련 표현을 꾸준히 작업해 왔다. 그 과정에서 Ken, George, Patt, April, Charlie, Wayne, Michael, Reilly 등 많은 네이티브의 도움을 받았다. 이들에게 감사의 말을 전한다. 특히 이 책의 모든 과정에 참여한 Reilly는 저자의 집요한 질문에 최선을 다해 대답해 주며 책을 만드는 데 큰 도움을 주었다. 또한 마지막 파트인 스포츠 관련 표현은 Reilly뿐만 아니라 미국에 계신 Reilly의 부모님(아버지 Adam, 어머니 Charlotte)에게도 도움을 받았다. 이들 부모님께도 감사의 말씀을 전한다.

바야흐로 한국인이 세계에서 두각을 나타내고 한국의 문화가 세계적인 주류 문화로 발전해 나가고 있다. 이런 때 한국인에게 언어 장벽이 없어진다면 더 신바람 나게, 더 주도적으로 세상을 변화시킬 수 있을 텐데 하는 아쉬운 마음을 갖고 있다. 이 책이 이런 주도적인 역할에 작은 밑바탕이 될 수 있다면 그보다 더한 보람과 기쁨은 없을 것이다. 자, 이제 독자의 차례이다. Let's go for it!

장근섭

▶ 본문

핵심 주제를 항목별로 분류해 목차만 보고도 원하는 표현을 바로 찾을 수 있다.

MP3 번호를 보고 원하는 문장 의 네이티브 발음을 찾아 들을 수 있다.

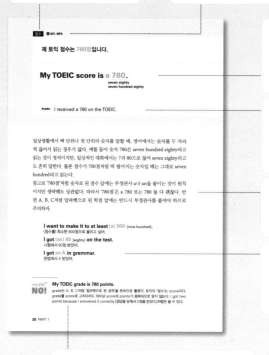

한국어 표제문에 대해 네이티브 가 가장 많이 쓰는 대표 영어 문 장이다. 숫자 읽는 법은 아래에 작게 표기했다.

표제문을 영어로 다르게 표현하 는 법을 알려준다. 중요한 문장 은 〈추가문장 해설노트〉에서 자 세하게 다룬다.

숫자 표현에 대한 핵심 설명이 다. 특히 중요한 부분은 형광펜 으로 표시했으니 꼭 체크하자.

응용력 향상을 위해 추가로 알아 두면 좋은 표현이나 문장을 제시 했다. 읽기 어려운 숫자는 [ ] 안 에 작은 글자로 표기했다.

한글 표제문과 관련해 네이디브는 절대 말하지 않는 틀린 문장이다. 한국사람이 실수하기 쉬운 부분을 콕 집어 보여 준다.

MP3 듣는 법

MP3 파일은 다락원 홈페이지(www.darakwon.co.kr)에서 무료로 내려받을 수 있으 며, 오른쪽의 QR코드를 찍고 'MP3 듣기'를 클릭하면 스마트폰으로 바로 네이티브 발 음을 들을 수 있다. MP3 목록에서 원하는 문장을 쉽게 찾아 들어 보자.

MP3 듣기

▶ 알아두면 쓸모 있는 영어표현·상식

표제문과 관련된 중요한 영어 표현이나 알아두면
좋은 문화 상식 등을 익히는 코너이다.

▶ 참고하기

참고로 더 알아두면 좋을 만한 내용을 주석으로 덧붙였
다. 위 첨자 기호를 보고 궁금한 게 있을 때 찾아 보자.

▶ 스페셜 이북 〈추가문장 해설노트〉

영어 표현력 향상을 위해, 더욱 다양한 문장을 제시한 〈추가문장 해설노트〉를 PDF 파일
로 제공한다. 책에 나온 문장 중에서 영어로 더욱 다양하게 표현할 수 있는 문장만 뽑았
다. 〈PLUS+〉에 나온 문장에 대한 설명도 있어서 좀 더 깊이 있는 학습을 원하는 학습자
에게도 안성맞춤이다. 오른쪽의 QR코드를 찍은 다음 '자료실'을 클릭하면 스마트폰으로
도 PDF 파일을 다운받아 읽을 수 있다.

자료실

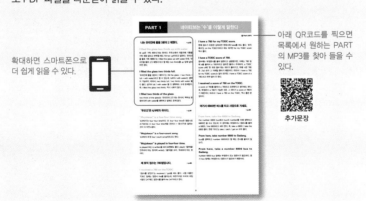

확대하면 스마트폰으로
더 쉽게 읽을 수 있다.

아래 QR코드를 찍으면
목록에서 원하는 PART
의 MP3를 찾아 들을 수
있다.

추가문장

네이티브가 실제로 쓰는 진짜 말하기 영어다

이 책에 나오는 모든 문장은 네이티브의 꼼꼼한 감수를 거쳐, 실제로 네이티브가 말할 때 쓰는 영어 문장을 담았다. 단순히 문법책에 나오는 영어가 아니라 네이티브가 일상생활에서 사용하는 구어체 영어를 기준으로 삼았으며, 젊은 사람들이 사용하는 영어의 최신 경향도 적극 반영했다.

일상생활에서 알고 싶은 표현을 담았다

'제 토익 점수는 780점입니다', '걔는 키가 180센티미터이다', '주가가 10달러대로 폭락했다' 등 일상생활에서 많이 쓰는 문장을 중심으로, 한국 사람들이 가장 궁금해 할 만한 생활 속 문장을 엄선했다. 우리 생활과 깊게 연관된 표현이라 더욱 흥미 있게 학습할 수 있다. 실생활에서 별로 쓸 일이 없는 수학적인 셈이나 수학 관련 표현은 제외했다.

수와 관련된 표현을 다양하게 제시했다

단순히 숫자를 영어로 변환해 읽는 것보다는, 숫자가 들어간 표현을 어떻게 영어로 자연스럽게 옮길 수 있는지에 중점을 두었다. '며칠', '몇 년', '몇 장' 같이 수를 나타내는 표현부터 '요금이 많이 나오다', '월급이 세다', '매출이 많다' 같은 수량 표현까지 다양하게 제시했다.

다양한 숫자 읽는 법을 알려 준다

같은 숫자라도 상황에 따라 읽는 법이 다를 수도 있다. 예를 들어 0.12%를 일상생활에서는 point twelve percent라고 읽는 것이 일반적이지만, 정확성이 요구되는 경제 및 과학 분야에서는 zero point one two percent라고 말하기도 한다. 또한 twenty는 사전에 나오는 정확한 발음은 [트웬티]지만, 미국인들은 흔히 [트웨니]라고 발음한다. 이 책에서 숫자 읽는 법은 네이티브가 일상생활에서 가장 많이 쓰는 방식으로 표기하되, 필요한 경우에는 두 가지 이상의 방식을 제시했다.

미국식 영어가 기준이다

미국과 캐나다에서 사용하는 미국식 영어를 기준으로 삼되, 필요한 경우에는 영국식 영어에 대한 설명을 덧붙였다. 나라마다 다르게 사용하는 단위의 경우에는 여러 나라에서 두루 활용할 수 있도록, 파운드나 피트 같은 미국식 단위뿐만 아니라 킬로그램이나 센티미터 같은 미터법 관련 표현까지도 다양하게 제시했다.

기본 숫자 읽기   18

PART 1 네이티브는 '수'를 이렇게 말한다

PART 2 네이티브는 '단위'를 이렇게 말한다

PART 3 네이티브는 '금액'을 이렇게 말한다

PART 4 네이티브는 '물건을 셀 때' 이렇게 말한다

PART 5 네이티브는 '시간·기간'을 이렇게 말한다

PART 6 네이티브는 '위치·장소'를 이렇게 말한다

PART 7 네이티브는 '비교·증감'을 이렇게 말한다

PART 8 네이티브는 '등급·정도'를 이렇게 말한다

PART 9 네이티브는 '스포츠'에서 이렇게 말한다

기본 숫자 읽기

뒤에서 큰 숫자 읽는 법에 대해서는 자세히 배우지만
여기에 나오는 기본적인 숫자 읽는 법은 확실하게 익히고 넘어가자.

001. MP3

기수 (1~100)

0	zero	19	nineteen
1	one	20	twenty
2	two	21	twenty-one
3	three	22	twenty-two
4	four	23	twenty-three
5	five	24	twenty-four
6	six	25	twenty-five
7	seven	26	twenty-six
8	eight	27	twenty-seven
9	nine	28	twenty-eight
10	ten	29	twenty-nine
11	eleven	30	thirty
12	twelve	40	forty
13	thirteen	50	fifty
14	fourteen	60	sixty
15	fifteen	70	seventy
16	sixteen	80	eighty
17	seventeen	90	ninety
18	eighteen	100	one hundred

기수 (1,000 이상)

1,000	one thousand	100,000,000	one hundred million
10,000	ten thousand	1,000,000,000	one billion
100,000	one hundred thousand	10,000,000,000	ten billion
1,000,000	one million	100,000,000,000	one hundred billion
10,000,000	ten million	1,000,000,000,000	one trillion

1st	first		17th	seventeenth
2nd	second		18th	eighteenth
3rd	third		19th	nineteenth
4th	fourth		20th	twentieth
5th	fifth		21st	twenty-first
6th	sixth		22nd	twenty-second
7th	seventh		23rd	twenty-third
8th	eighth		24th	twenty-fourth
9th	ninth		25th	twenty-fifth
10th	tenth		26th	twenty-sixth
11th	eleventh		27th	twenty-seventh
12th	twelfth		28th	twenty-eighth
13th	thirteenth		29th	twenty-ninth
14th	fourteenth		30th	thirtieth
15th	fifteenth		100th	hundredth
16th	sixteenth		1000th	thousandth

TIP

큰 숫자 쉽게 읽는 법

영어로 큰 숫자는 세 단위씩 콤마(,)를 기준으로 끊어 읽으면 쉽게 읽을 수 있다.

641,714,205,980,397

trillion	billion	million	thousand
(1조)	(10억)	(100만)	(천)

six hundred forty-one **trillion**, seven hundred fourteen **billion**, two hundred five **million**, nine hundred eighty **thousand**, three hundred ninety-seven

PART 1

네이티브는
수를 이렇게 말한다

3분의 2 • 4/4박자 • 0.1점 • 0.12초 • 토익 780점 • 1412호 • 6800번 버스 • 지하철 4호선 •
100중 추돌 사고 • 코로나19 • 직원 1,500명 • 2,200만 명분 • 여덟 번 • 천 번도 넘게 • 팔 굽
혀 펴기 40개 • 윗몸 일으키기 12회 3세트 • 습도 10% • 배터리 3% • 생존 가능성 5% • 35만
분의 1의 확률 • 전체 인구의 13% • 비율 2 대 1 • 2인 1조 • 조지 6세 • 제2차 세계대전

나는 유리잔에 물을 3분의 2 채웠다.

I filled the glass 2/3 with water.
two thirds

PLUS+   I filled the glass two thirds up with water.

영어에서 분수는 분자와 분모 순으로 읽는데 분자는 기수(one, two, three...)로, 분모는 서수(first, second, third...)로 읽는 것이 특징이다. 1/3처럼 분자가 1일 때만 분모를 단수로 써서 one third라고 하고, 2/3처럼 분자가 2 이상일 때는 two thirds처럼 복수형으로 쓴다. 분자가 1일 때는 one 대신 a를 쓰기도 해서, 1/3은 a third라고도 한다.

참고로 '절반'을 나타내는 1/2은 one second라고 하지 않고 one half, a half라고 하니 주의하자. 또한 1/4과 3/4은 one fourth, three fourths라고 읽기도 하지만 one quarter, three quarters라고도 한다.

1/2	**one half / a half**
1/4	**one fourth / one quarter / a fourth / a quarter**
3/4	**three fourths / three quarters**
1/100	**one hundredth / a hundredth**
9/100	**nine hundredths**

이런 표현은
NO!
I filled water two thirds into the glass.
동사 fill(~을 채우다)의 목적어는 '물건이나 액체를 담는 통'이 되어야 한다. 따라서 〈filled + water〉가 아니라 〈filled + the glass〉의 형태로 써야 한다. 'A를 B로 채우다'라고 할 때는 fill A with B의 형태로 쓴다.

학생의 2/3가 오늘 현장 학습을 갔다.

Two thirds of the students are on a field trip today.

PLUS+ Two thirds of the students went on a school trip today.

'~의 2/3'는 전치사 of를 사용해 〈분수 + of + 명사〉 형태로 나타낸다. 이때 주어와 동사의 수 일치에 주의해야 한다. 분수 2/3를 나타내는 two thirds는 복수형이지만, 이것만으로는 주어가 단수인지 복수인지 알 수 없다. 이때는 of 뒤에 나오는 명사의 성격에 따라 단수, 복수 여부가 결정된다. of 뒤의 명사가 단수인 경우에는 동사도 단수로, 명사가 복수인 경우에는 동사도 복수로 받는다. 여기서는 명사 students가 복수형이므로 복수 동사인 are를 썼다.

At least two thirds of the residents support the plan.
적어도 주민의 2/3는 그 계획을 지지한다.

Two thirds of the pizza was eaten.
피자의 2/3를 먹었다.

Two thirds of the class is absent.
그 반의 2/3가 결석이다. ▶ 집합명사 class는 미국식 영어에서는 일반적으로 단수 취급한다.

NO!

Two thirds of the students went to a school trip today.
'여행을 가다'는 go to a trip이 아니라 go on a trip이다. 전치사 on은 '(어떤 활동이) 진행 중'인 것을 나타낼 때 많이 쓴다. 예를 들어 '여행 중'은 on a trip, '휴가 중'은 on vacation, '다이어트 중'은 on a diet, '데이트 중'은 on a date라고 한다.

'무조건'은 4/4박자 곡이다.

"Mujokeon" is a song in four-four time.

PLUS+ "Mujokeon" is a four-four time song.

악보 첫 부분에는 4/4, 3/4, 6/8처럼 분수로 표기한 박자표(time signature)가 있다. 한국어로 '4/4박자'는 '4분의 4박자'라고 분수로 읽지만, 영어로는 이렇게 읽지 않고 숫자를 앞쪽부터 그대로 읽어서 four-four time이라고 한다. 이때 time은 '(곡의) 박자'를 뜻하는 말이다.

참고로 '4/4박자'에서 분모는 단위 박자(beat), 분자는 한 마디(measure) 안에 들어가는 단위 박자의 수를 나타낸다. 주로 4분음표(quarter note)와 8분음표(eighth note)가 단위 박자가 된다. '4/4박자(four-four time)'는 4분음표(♩) 4개가 모여 한 마디를 완성한다는 뜻이며, '6/8박자(six-eight time)'는 한 마디 안에 8분음표(♪) 6개가 들어 있다는 뜻이다.

Waltzes are in three-four time.
왈츠는 3/4박자이다.

That song is written in six-eight time.
그 곡은 6/8박자로 작곡되었다.

이런 표현은

NO! **"Mujokeon" is a four fourths melody song.**

분수 4/4를 four fourths라고 읽는 것은 맞지만, 음악의 '4/4박자'는 분수로 읽으면 안 된다. 또한 melody는 '선율'이란 뜻으로, 음의 높낮이를 가리키는 단어라서 맥락에도 전혀 맞지 않는다.

'박자'를 나타내는
다양한 영어 단어

한국어의 '박자'는 다양한 의미를 가지고 있는데, 영어로는 의미에 따라 time, beat, rhythm, tempo 같은 여러 단어로 표현할 수 있다. '박자'를 영어로 옮길 때는 정확히 어떤 의미인지 파악해 이 중에서 알맞은 단어를 써야 한다.

앞서 살펴봤듯 곡의 전체적인 '박자'는 time이라고 하지만, '한 박자', '두 박자' 할 때의 일반적인 '박자'는 beat라고 한다. 가산명사이므로 '한 박자'는 one beat, '두 박자'는 two beats이다.

There are four beats in a measure.
한 마디 안에 4박자가 들어 있다.
She kept the beat by tapping her foot.
그녀는 발로 박자를 맞췄다.

두 번째로 '박자를 못 맞추다', '박자가 정확하다' 할 때의 '박자'는 rhythm이다. 이때는 '규칙적으로 반복되는 소리의 흐름'을 뜻한다.

I can't follow the rhythm well when I sing.
나는 노래할 때 박자를 잘 못 맞춘다.
He has very accurate intonation and rhythm.
그는 음정과 박자가 아주 정확하다.

마지막으로 '박자가 빠르다', '박자가 느리다' 할 때의 '박자'는 '곡의 빠르기'를 의미하는 말이므로, 이때는 tempo를 쓴다.

That song has a quick tempo. (=That song is fast.)
그 노래는 박자가 빠르다.

그는 0.1점 차이로 금메달을 놓쳤다.

He lost the gold medal by 0.1 points.
(zero) point one

PLUS+ He lost the gold medal by one tenth of a point.

영어에서 소수점(.)은 point라고 읽는다. 소수점 앞의 0은 zero라고 읽는데 일상생활에서는 읽지 않고 생략하기도 한다. 따라서 0.1은 zero point one / point one 둘 다 좋다. 한편 점수 '몇 점'을 나타내는 point는 가산명사인데, '정수 1'을 제외한 모든 숫자는 1보다 작든 크든 간에 무조건 복수형 명사와 함께 쓴다. 따라서 '0.1점'은 0.1 points라고 한다.

참고로 '0.5점'은 0.5 [(zero) point five] points라고도 하지만 half a point라고도 한다. 이때 half a point는 '1점의 절반'을 나타내므로, half 뒤에는 '1점'을 나타내는 단수형 a point를 썼다. 마찬가지로 '0.1점'도 '1점의 10분의 1'을 뜻하는 one tenth of a point로 나타낼 수 있다.

이런 표현은
NO! He lost the gold medal with a difference of 0.1 points.
'~의 차이로'라고 할 때는 전치사 by를 사용한다. with a difference of는 두 숫자의 차이를 말할 때 사용할 수 있는 표현이다. 예를 들어 There are two numbers with a difference of 3 between them.(서로 3의 차이가 나는 두 숫자가 있다.)처럼 쓴다.

나는 0.12초 차이로 졌다.

I lost by 0.12 seconds.
(zero) point one two
(zero) point twelve

PLUS+ I lost by twelve hundredths of a second.

소수점 뒤에 숫자가 여러 개 있을 때는 개별 숫자를 하나씩 읽는 게 원칙이다. 따라서 0.12는 (zero) point one two라고 읽으면 된다. 그러나 일상생활에서 소수점 뒤의 숫자가 두 개일 때는 일반 숫자처럼 읽기도 한다. 그래서 0.12 seconds를 (zero) point twelve seconds라고도 한다. 다만 4.603처럼 소수점 이하 단위가 3개를 넘어가면 숫자를 한 개씩 읽는 것이 일반적이다. 이때 중간의 0은 zero 또는 oh라고 읽는다.

한편 '0.12초'는 분수로 바꾸면 '12/100초'에 해당하므로 twelve hundredths of a second라고 할 수도 있다. 마찬가지로 '0.015초'는 '15/1000초'이므로 fifteen thousandths of a second라고도 한다.

0.015	**(zero) point zero[oh] one five**
0.125	**(zero) point one two five**
36.57	**thirty-six point five seven**
4.603	**four point six zero[oh] three**
3.141592	**three point one four one five nine two**

이런 표현은
NO! **I lost by 0.12 second.**
'초'를 나타내는 second는 가산명사이다. '1초'는 단수형 one second이고 '2초'는 복수형 two seconds인데, '0.12초'처럼 1보다 작은 숫자도 복수형으로 0.12 seconds라고 써야 한다.

제 토익 점수는 780점입니다.

My TOEIC score is a 780.
seven eighty
seven hundred eighty

PLUS+ I received a 780 on the TOEIC.

일상생활에서 백 단위나 천 단위의 숫자를 말할 때, 영어에서는 숫자를 두 자리 씩 끊어서 읽는 경우가 많다. 예를 들어 숫자 780은 seven hundred eighty라고 읽는 것이 정석이지만, 일상적인 대화에서는 7과 80으로 끊어 seven eighty라고 도 흔히 말한다. 물론 점수가 700점처럼 딱 떨어지는 숫자일 때는 그대로 seven hundred라고 읽는다.

참고로 '780점'처럼 숫자로 된 점수 앞에는 부정관사 a나 an을 붙이는 것이 원칙이지만 생략해도 상관없다. 따라서 '780점'은 a 780 또는 780 둘 다 괜찮다. 반면 A, B, C처럼 알파벳으로 된 학점 앞에는 반드시 부정관사를 붙여야 하므로 주의하자.

I want to make it to at least (a) 900 [nine hundred].
(점수를) 최소한 900점으로 올리고 싶어.

I got (an) 80 [eighty] **on the test.**
시험에서 80점 받았어.

I got an A in grammar.
문법에서 A 받았어.

이런 표현은 NO! **My TOEIC grade is 780 points.**
grade는 A, B, C처럼 '알파벳으로 된 성적'을 뜻하므로 틀렸다. 토익의 '점수'는 score이다. grade를 score로 고치더라도 의미상 score와 points가 중복되므로 맞지 않는다. I got two points because I answered it correctly.(정답을 맞춰서 2점을 받았다.)처럼은 쓸 수 있다.

제 방은 1412호입니다.

My room number is 1412.
fourteen twelve

PLUS+ I'm in room 1412.

호텔의 객실 번호는 두 자리씩 끊어서 읽는 것이 일반적이다. 따라서 '1412호'는 fourteen twelve라고 읽는다. 객실 번호가 세 자리 숫자인 경우에도 마찬가지이다. '725호'는 seven hundred twenty-five라고 해도 되지만, seven twenty-five 라고 읽는 것이 더 일반적이다.

단, 네 자리 숫자인 경우라도 이렇게 읽기 힘든 '2002호'는 two thousand (and) two, '1001호'는 one thousand (and) one처럼 전체 숫자를 그대로 읽는다. 또는 각 숫자를 하나씩 읽되, 중간의 0을 oh라고 읽기도 한다. 객실 번호를 읽을 때 절대적인 방법이 있는 건 아니므로, 그때그때 편한 방식으로 말하면 된다.

101호   one hundred (and) one / one oh one
702호   seven hundred (and) two / seven oh two
1002호   one thousand (and) two / one oh oh two
2515호   twenty-five fifteen

 My room is 1412 number.
NO! '1412호'는 1412 number가 아니라 number 1412라고 한다. number는 자명한 것이니 생략하고 My room is 1412.라고만 해도 좋다.

여기서 6800번 버스를 타고 사당으로 가세요.

From here, take the number 6800 bus
sixty-eight hundred
to Sadang.

PLUS+ From here, take the 6800 to Sadang.

버스 번호인 '6800번'은 number 6800라고 한다. 이처럼 숫자 앞에 number를 붙여 쓰는 표현을 더 살펴보면 호텔의 '1412호실'은 room number 1412, 야구 선수의 등 번호를 나타내는 '10번 선수'는 player number 10, 지하철 '1호선'은 line number 1이라고 한다. '6800번 버스'는 〈the number + 숫자 + bus〉 순서로 말하는데, number와 bus는 자명한 것이므로 둘 중 하나를 생략해도 된다. 일상생활에서는 둘 다 생략하고 간단히 숫자만 말하기도 한다.[1]

참고로 버스 번호도 객실 번호와 마찬가지로 보통 두 자리 단위로 끊어 읽는다. 6800은 sixty-eight hundred라고 읽지만, '725번'은 seven twenty-five, '7354번'은 seventy-three fifty-four처럼 끊어 읽는 게 일반적이다. 중간에 0이 들어 있거나 같은 숫자가 겹쳐 있는 경우에는 그때그때 편한 대로 읽으면 된다.

701번	**seven hundred (and) one / seven oh one**
111번	**one eleven**
777번	**seven seventy-seven**
7366번	**seventy-three sixty-six**

 이런 표현은
NO! **From here, take 6800 number bus for Sadang.**
'6800번 버스'를 직역한 6800 number bus는 틀렸다. 정관사를 넣어 the number 6800 bus라고 하거나 number와 bus를 생략하고 the 6800라고 해야 한다. 또한 for는 종착지를 나타내는 전치사이므로, 사당이 행선지일 때는 전치사 to를 쓰는 것이 적절하다.

지하철 4호선 상행선을 타세요.

Take subway line 4 northbound.
four

PLUS+ Take line number 4 northbound.

지하철의 '선로, 노선'을 line이라고 한다. '지하철 4호선'은 subway line 4 / line number 4 / line 4 모두 쓸 수 있다. 서울 지하철은 색으로도 노선을 구분하므로 '4호선'을 the blue line이라고도 한다. 그 밖에도 '1호선'은 line number 1(the dark blue line), '2호선'은 line number 2(the green line), '3호선'은 line number 3(the orange line)이라고 한다.
참고로 4호선은 남북 방향으로 운행되므로 '상행선'은 northbound(북쪽으로 향하는), '하행선'은 southbound(남쪽으로 향하는)라고 하면 된다.

Take line number 4 for Danggogae or Jinjeop.
4호선 당고개행이나 진접행을 타세요.

Transfer to line number 1 at Sindorim station.
신도림역에서 1호선으로 갈아타세요.

Get on line 6 if you want to go to Mangwon station.
망원역에 가시려면 6호선을 타시면 됩니다.

I take the orange line to work.
나는 출근할 때 주황색 선(3호선)을 탄다.

이런 표현은
NO!

Take subway 4 line for upward bound.
'지하철 4호선'은 subway 4 line이 아니라 subway line 4라고 한다. 또한 upward는 '위쪽을 향한'이라는 뜻이므로 적절하지 않다. 시선이 위쪽으로 향하는 것, 가격이 상승하는 것, 궤적이 상승하는 것 등을 표현할 때 쓸 수 있는 단어이다.

영종대교에서 100중 추돌 사고가 발생했다.

There was a 100-car accident on
hundred
Yeongjong Bridge.

PLUS+ There was a car accident involving 100 cars on Yeongjong Bridge.

'100중 추돌 사고'는 a 100-car accident라고 한다. 여기서 100-car는 accident 를 수식하는 형용사적 용법으로 쓰인 것이라, 중간에 하이픈(-)이 필요하며 복 수형 cars가 아닌 단수형 car로 써야 한다. He's 10 years old.(그는 10살이다.)와 He's a 10-year-old boy.(그는 10살 소년이다.)의 차이를 생각하면 쉽게 이해할 수 있을 것이다.

참고로 '100중 추돌 사고'는 '차량 100대가 관련된 자동차 사고'를 뜻하므로 a car accident involving 100 cars라고 풀어서 말해도 된다. 이때는 일반적인 용 법이므로 100 뒤에 복수형 cars를 썼다.

> **TIP** **영어로 숫자 100을 읽는 법**
>
> 원칙적으로 숫자 100은 one hundred 또는 a hundred라고 읽어야 한다. 예를 들어 a car accident involving 100 cars에서는 100을 one hundred 또는 a hundred라고 읽 으면 된다.[2] 하지만 a 100-car accident처럼 100 앞에 a나 one이 이미 있는 경우에는 중복을 피하기 위해 hundred라고만 읽는다.

이런 표현은 **A 100-fold car accident happened on Yeongjong Bridge.**
NO! 숫자 뒤에 fold를 붙이면 '몇 배'라는 의미가 된다. 100-fold는 '100배'를 뜻하므로 맥락에 전혀 맞지 않는다. The country has seen a 100-fold increase in solar power over the last two years.(그 나라의 태양광 발전이 지난 2년 동안 100배 증가했다.)처럼 쓰는 표현이다.

그는 코로나19에 걸렸다.

He got COVID-19.

nineteen

PLUS+ He tested positive for COVID-19.

'코로나19'는 대문자로 COVID-19이라고 쓰거나 소문자로 coronavirus라고 쓴다. coronavirus는 사람 및 동물에게 광범위한 호흡계 감염을 일으키는 바이러스로, 다양한 변종이 있기 때문에 소문자로 쓴다. 특히 새로운 유형의 변종 코로나바이러스로 인해 '코로나바이러스감염증-19'가 유행하였는데, 영어로는 이를 COVID-19이라고 한다. 이는 coronavirus disease 2019의 줄임말인데, 병명을 약어로 쓰는 경우에는 대문자로 써야 한다. 이때 뒤의 숫자 19는 one nine이라고 따로따로 읽지 않고 숫자 그대로 nineteen이라고 읽는다.

He tested positive for COVID-19, and he's currently under quarantine at home.
그는 코로나19 양성 판정을 받아 현재 집에서 자가격리 중이다.

The number of people who got infected with COVID-19 has sharply decreased these days.
최근에 코로나19 확진자 수가 급격하게 줄었다.

이런 표현은 **He was caught with COVID-19.**
NO! 수동태 was caught은 '(나쁜 짓을 하다가) 걸렸다/잡혔다'라는 뜻이다. '그는 감기에 걸렸다'를 He caught a cold.라고 하듯, '코로나19에 걸렸다'도 능동태를 써서 He caught COVID-19.이라고 한다. 또는 He is infected with COVID-19.이라고 해도 좋다.

그 회사는 직원 1,500명을 해고했다.

The company laid off 1,500 workers.
fifteen hundred
one thousand five hundred

PLUS+ The company reduced its workforce by 1,500 employees.

'직원 1,500명'처럼 명사와 숫자가 결합한 표현은 영어로는 〈숫자 + 명사〉 형태로 간단하게 나타낼 수 있다. 따라서 '직원 1,500명'은 〈1,500 + workers / employees〉라고 하면 된다. 숫자 1,500은 정식으로 읽으면 one thousand five hundred지만, 간단하게 fifteen hundred라고 읽어도 좋다.

한편, 맥락상 '직원 1,500명'은 '일자리 1,500개'를 뜻하므로 1,500 jobs라고 할 수도 있다. 따라서 The company cut 1,500 jobs. 또는 The company downsized its workforce by 1,500 jobs.라고 말해도 된다.

> **TIP**　　　　　　　**'해고하다'를 나타내는 영어 표현**
>
> lay off는 '(불경기로 인해) 정리해고를 단행하다'라는 뜻이다. make lay-offs라고도 한다. cut과 fire도 비슷한 의미를 갖는 동사지만, 한국어로는 '자르다' 정도의 어감을 주는 일상적인 단어라서 말할 때는 주의해야 한다.

이런 표현은
NO! **The company reduced 1,500 employees.**
reduce 뒤에는 1,500 employees처럼 줄이는 수량이 바로 올 수 없다. 'A에서 B만큼 줄이다'는 〈reduce + A(총량) + by + B(감소분)〉 형태로 나타낸다. 따라서 The company reduced its workforce by 1,500 employees.라고 해야 맞는 문장이 된다.

정부는 코로나19 백신 2,200만 명분을 비축해 놓았다.

The government has stockpiled enough COVID-19 vaccines for 22 million people.
<small>nineteen</small> <small>twenty-two</small>

'사람 몇 명'은 숫자 뒤에 people을 붙여 나타낸다. 숫자 '2,200만'은 22 million 이며, '2,200만 명'은 22 million people이다. '백신 2,200만 명분'은 vaccines for 22 million people 또는 vaccines to treat 22 million people이라고 표현할 수 있다. 이때 vaccine(백신)은 가산명사이므로, 여러 개의 백신은 복수형 vaccines로 나타내야 한다.

참고로 million은 숫자 '100만'을 나타내는 단어이다. '2,200만'이라고 하면 한국 사람들은 2,200이란 숫자가 먼저 눈에 띄다 보니 영어로 전환할 때 thousand(천)부터 떠올리는 경우가 많다. 큰 숫자도 바로 영어로 말할 수 있도록 million이 들어간 다양한 숫자도 잘 연습해 두자.

500만	**five million**
1,000만	**ten million**
1,500만	**fifteen million**
5,000만	**fifty million**
1억	**one hundred million**

이런 표현은 **The government has stored COVID-19 antivirus, enough to treat NO! 22 million people.**

antivirus는 '컴퓨터 바이러스를 잡는 백신'을 뜻하므로 여기서는 적절하지 않다. 참고로 vaccine은 '질병을 예방하는 백신'을 나타낼 뿐 '컴퓨터 백신'이란 뜻은 없으니 주의하자.

그는 화학 요법 여덟 번, 수술 두 번, 방사선 치료를 한 번 받았다.

He has had chemotherapy eight times, surgery twice, and radiation once.

'몇 번'이라는 횟수는 〈숫자 + time(s)〉로 나타낸다. 따라서 '여덟 번'은 eight times, '두 번'은 two times, '한 번'은 one time이라고 한다. 이때 two times는 twice, one time은 once라는 한 단어로 간단하게 표현할 수도 있다.

'화학 요법'은 chemotherapy, '방사선 치료'는 radiation (therapy)라고 하는데, 둘 다 불가산명사이다. 따라서 앞에 부정관사 a를 붙이지 않으며 복수형으로 사용할 수도 없다. 치료받은 횟수를 나타낼 때는 동사 have나 receive를 써서 〈have / receive + 명사 + 횟수〉 형태로 말하면 된다.

> **TIP** **가산명사로도 쓰는 surgery**
>
> 영어 사전을 보면 surgery는 '수술 전반'을 가리키는 불가산명사이고, operation은 '수술 그 자체'를 가리키는 가산명사라고 구분하고 있다. 하지만 미국식 영어에서는 surgery를 가산명사로 사용하는 경우가 아주 많다. 특히 최근에 미국의 젊은 세대는 surgery를 점점 더 가산명사로 취급하는 경향이 있다. 따라서 '수술 두 번'은 two surgeries라고도 한다.

 He has received eight chemotherapies, two surgeries, and a radiation therapy.

chemotherapy(화학 요법)는 불가산명사이므로 복수형 chemotherapies로 쓸 수 없다. 마찬가지로 radiation therapy(방사선 치료)도 불가산명사이므로 부정관사 a 없이 써야 한다.

나는 한 달 동안 매일 천 번도 넘게 줄넘기를 했다.

I jumped more than 1,000 times with my
one thousand
rope every day for a month.

PLUS+ I jumped rope more than 1,000 times every day for a month.

횟수는 〈숫자 + time(s)〉로 나타내므로 '천 번'은 1,000 times라고 한다. '천 번도 넘게'는 숫자 앞에 more than(~보다 많이)을 넣어 more than 1,000 times라고 하면 된다. 반대로 '~보다 적게'는 less than으로 나타낸다.

한편 운동 도구인 '줄넘기'는 jump rope 또는 그냥 rope라고 한다. '몇 번 줄넘기를 하다'라고 할 때는 동사 jump나 skip을 활용해 〈jump / skip + 횟수 + with my rope〉처럼 표현할 수 있다. '줄넘기를 하다'는 간단하게 jump rope / skip rope라고 해도 되는데, 이때는 횟수를 뒤쪽에 넣어 〈jump[skip] rope + 횟수〉 형태로 말한다.

이런 표현은
NO! **I did a swing more than 1,000 times every day during a month.**
swing은 '(전후좌우로) 흔들기'란 뜻이므로 틀렸다. 또한 표제문의 '한 달 동안'은 '한 달 내내'란 의미이므로 during a month가 아니라 for a month라고 해야 한다. 〈during + 특정 기간〉은 '그 특정 기간 중 어느 한 시점에'라는 뜻이며 〈for + 단순 기간〉은 '그 기간 내내'라는 뜻이다.

나는 체육 시험에서 1분에 팔 굽혀 펴기를 40개 했다.

I did <u>40</u> reps of push-ups in a minute on
forty
the athletic test.

PLUS+ I did 40 push-ups in a minute on the physical fitness test.

운동에서 여러 번 같은 동작을 반복하는 것을 repetition, 줄여서 rep이라고 한다. 팔 굽혀 펴기는 여러 번 반복해서 하는 동작이므로 '팔 굽혀 펴기 40개'는 40 reps of push-ups라고 한다. 간단히 〈숫자 + 명사〉로 표현해 40 push-ups라고만 해도 된다.

push up은 '밀어 올리다'란 뜻의 동사이고 push-up은 명사로 '(엎드려서) 팔 굽혀 펴기'란 뜻인데, 가산명사이므로 여러 개를 뜻할 때는 -s를 붙인 복수형으로 써야 한다. 참고로 '윗몸 일으키기'는 sit-up, '턱걸이'는 pull-up이라고 하는데 모두 가산명사이다.

I did 20 push-ups in the morning.
나는 아침에 팔 굽혀 펴기를 20번 했다.

The test consists of 5 minutes of push-ups, 5 minutes of sit-ups, and 3 minutes of pull-ups.
시험은 팔 굽혀 펴기 5분, 윗몸 일으키기 5분, 턱걸이 3분으로 구성되어 있다.

이런 표현은
NO!
I did push-up 40 times a minute in physical examination.
physical examination은 '건강검진(medical checkup)'이란 뜻이므로 적절하지 않다. '체육 시험'은 athletic test 또는 physical fitness test라고 한다.

매일 윗몸 일으키기 12회 3세트를 꼭 하세요.

Please make sure to do 3 sets of 12
three   twelve
sit-ups every day.

PLUS+ Please make sure to do 3 sets of 12 reps of sit-ups every day.

'윗몸 일으키기'는 sit-up인데, '윗몸 일으키기 12회 3세트'를 영어로 표현할 때는 숫자부터 말한다. '12회'는 12 repetitions 또는 12 reps이며, '3세트'는 3 sets라고 한다. '윗몸 일으키기 3세트'는 3 sets of sit-ups이며 '윗몸 일으키기 12회 3세트'는 3 sets of sit-ups with 12 reps per set라고 할 수 있다. 전치사 of를 사용해 간단히 3 sets of 12 reps of sit-ups라고 해도 좋다. 더 줄여서 3 sets of 12 sit-ups라고 해도 된다. sit-up은 가산명사이므로, '윗몸 일으키기 12회'를 굳이 12 reps of sit-ups라고 하지 않고 12 sit-ups라고만 해도 되는 것이다.

Do 3 sets of 10 push-ups every other day.
이틀에 한 번씩 팔 굽혀 펴기 10회 3세트를 하세요.
She performed 3 sets of 20 squats with a 5-second break.
그녀는 5초씩 쉬면서 스쿼트 20회 3세트를 했다.

이런 표현은
NO!

Please make sure to work out 3 sets of 12 sit-ups every day.
work out은 일반적인 의미의 '운동하다'란 뜻이므로 잘못 쓰였다. 윗몸 일으키기처럼 특정한 동작을 수행하는 운동에는 do나 perform을 쓴다. 그러나 work out with 3 sets of 12 sit-ups처럼 전치사 with를 쓰면 괜찮은 표현이 된다.

오늘은 습도가 10%밖에 안 된다.

The humidity is only at <u>10%</u> today.
ten percent

PLUS+ We only have 10 percent humidity today.

백분율을 나타내는 기호 %는 영어로 percent라고 읽는다. percent는 단수형과 복수형이 동일한 것이 특징이다. '1%'이든 '150%'이든 상관 없이 언제나 percent라고 읽어야 한다. 따라서 10%는 ten percent라고 읽는다.

한편 '수치가 어느 정도이다'라고 할 때는 수치 앞에 전치사 at을 쓰는데 생략해도 괜찮다. 따라서 위의 문장을 영어로 The humidity is only 10% today.라고만 해도 좋다.

TIP **'퍼센트'를 '프로'라고 읽지 말자!**

'백 프로(100%)'처럼 한국 사람들은 %를 '프로'라고 읽는 경우가 많다. 하지만 pro는 네이티브가 전혀 사용하지 않는 콩글리시이니 주의하자. '프로'란 말은 한국어에서는 표준국어대사전에도 수록된 표준어이시만, 네덜란드어 procent에서 온 밀이라 영어와는 전혀 관계가 없다.

이런 표현은
NO! We only have 10% of humidity today.
〈~% + of + 명사〉 형태는 '부분과 전체의 관계'에서만 쓸 수 있다. 예를 들어 The industry accounts for 22% of the economy.(그 산업은 경제의 22%를 차지한다.), 60% of Koreans think they are overweight.(한국인의 60%는 자기가 과체중이라고 생각한다.)처럼 사용한다.

내 핸드폰 배터리가 3%밖에 안 남았어.

My cell phone battery is only at 3%.
three percent

PLUS+   I have only 3% battery left on my cell phone.

⟨at + 숫자⟩는 '(숫자) 수준으로'라는 뜻이다. 예를 들어 '현재 그 호텔은 객실 가동률이 90%이다'를 The hotel is running at 90% occupancy.라고 한다. '배터리가 3% 남았다'는 '배터리가 3% 수준이다'라는 뜻이므로 My cell phone battery is at 3%.라고 할 수 있다. 이때 전치사 at은 생략할 수도 있다.

참고로 배터리가 거의 닳은 상황에서는 숫자를 언급하는 대신 다음과 같이 말할 수도 있다.

> **My phone is almost out of battery.**
> 내 핸드폰 배터리가 거의 다 떨어졌어.
>
> **My phone has almost run out of battery.**
> 내 핸드폰 배터리가 거의 다 닳았어.
>
> **My phone is about to die.**
> (배터리가 없어서) 내 핸드폰이 꺼지려고 해.

이런 표현은 **NO!**   **The cell phone battery left only 3%.**

정관사를 붙여 The cell phone battery라고 하면 나와 아무 관련이 없는 '제3의 핸드폰 배터리'를 뜻하게 된다. '내 것'을 말하는 상황이므로 My cell phone battery라고 해야 한다. 또한 동사 left는 '떠났다'라는 능동의 의미지 '남아 있다'라는 뜻이 아니므로 올바른 표현이 아니다.

그 환자의 생존 가능성은 5%이다.

The patient has a 5% chance of survival.
five-percent

PLUS+ The patient's chance of survival is 5%.

survival은 '생존, 살아남음'을 뜻하는 단어로, '생존 가능성'은 a survival chance또는 a chance of survival이라고 한다. '생존 가능성 5%'는 a 5% survival chance 또는 a 5% chance of survival이라고 하는데, 이때 chance는 가산명사이므로 반드시 앞에 부정관사 a를 붙여야 한다.

참고로 '생존 가능성이 5%도 안 된다', 즉 '생존 가능성이 5% 미만이다'는 less than(~보다 적은)을 활용해 The patient's chance of survival is less than 5%.라고 한다. 따로 숫자를 언급하지 않고 '그 환자의 생존 가능성이 희박하다'라고 할 때는 The patient has a slim chance of survival.이라고 한다. slim에 '(가망·가능성이) 아주 적은'이라는 뜻이 있다.

이런 표현은
NO! **The probability of the patient's living is 5%.**
living은 '생활, 생계'라는 뜻이므로 맥락에 맞지 않는다. 아울러 probability는 지나치게 통계적인 '가능성, 확률'을 뜻하므로, 사람의 생명을 두고 말할 때는 적절하지 않은 단어이다. 여기서는 어떤 일이 일어날 '가능성'을 뜻하는 chance를 사용하는 것이 더 자연스럽다.

그는 35만분의 1의 확률을 뚫고 로또 1등에 당첨됐다.

He won first prize in the lotto in spite of

a <u>1</u> out of <u>350,000</u> chance.
one   three hundred fifty thousand

PLUS+   He won first prize in the lotto with only a 1 in 350,000 chance.

한국어에서는 어떤 확률을 나타낼 때 '35만분의 1의 확률'처럼 분수로 표현하는 경우가 많다. 하지만 영어에서는 확률을 직접적으로 분수로 나타내지 않는다. 대신 전치사 out of / in / to를 활용해 1 out of 350,000 / 1 in 350,000 / 350,000 to 1이라고 표현할 수 있다. 이때 숫자 350,000은 three hundred fifty thousand라고 읽는다. '확률'은 chance / possibility / probability / odds 모두 사용할 수 있으며, '~의 확률을 뚫고'는 '(낮은) ~의 확률에도 불구하고'란 의미이므로 in spite of를 활용하면 된다.

한편 '로또 1등'은 first prize in the lotto 또는 the first prize of the lotto라고 한다. 자세한 내용은 227쪽을 참고하자.

 이런 표현은
NO! He won first prize in the lotto through one 350,000th possibility.
분수 '1/350,000'을 one 350,000th [three hundred fifty thousandth]라고 하는 것은 맞지만, 영어에서는 복권 당첨 확률을 분수로 말하지 않는다. 또한 전치사 through도 잘못 쓰였다.

노인이 전체 인구의 13%를 차지한다.

The elderly comprise 13% of the
thirteen percent
population.

PLUS+   The elderly consist of 13% of the population.

'~의 몇 퍼센트'는 전치사 of를 활용해 〈~% + of + 명사〉 형태로 쓴다. 따라서 '전체 인구의 13%'는 13% of the population이라고 한다.

한편 '(몇 퍼센트를) 차지하다'는 동사 comprise / consist of / account for로 표현할 수 있다. 또는 구동사 make up을 활용하기도 한다. 〈A(구성요소) + make up + B(전체)〉는 'A가 B를 구성[차지]하다'란 뜻이다. 수동태로 바꿔서 〈B(전체) + be made up of + A(구성요소)〉라고 하면 'B는 A로 구성되다'란 뜻이 된다.

The elderly make up 13% of the population.
노인이 전체 인구의 13%를 차지한다.

13% of the population is made up of the elderly.
전체 인구의 13%는 노인으로 구성되어 있다.

NO!   **The ratio of the old people is 13% of the total Koreans.**
백분율의 '비율'은 ratio가 아니라 percentage라고 한다.[3] ratio도 '비율'이라는 뜻이지만 비교 대상이 있을 때 쓰는 말이다. 예를 들어 The ratio of people under 20 to the elderly is 2:1. (20세 미만 인구와 노인 인구의 비율은 2:1이다.)처럼 쓸 수 있다. (46쪽 참고)

'노인'을 예의 바르게 영어로 표현하는 법

'노인'이라고 하면 old people이란 표현부터 떠올리는 사람이 많을 것이다. 물론 이렇게 말할 수는 있지만 다소 무례한 말이라 조심해야 한다. 예를 들어 I don't want to go there. That place is full of old people.(거긴 안 가고 싶어. 노인들이 너무 많아.) 또는 There were so many old people on the train. I couldn't move.(기차에 노인들이 정말 많이 타고 있었어. 도저히 움직일 수가 없더라.) 같은 말은 격의 없는 사이의 대화에서나 할 수 있는 말이다. 따라서 중립적인 의미로 '노인'이라고 할 때는 elderly people / the elderly / seniors / senior citizens라고 표현하는 것이 좋다.

그렇다면 '집단으로서의 노인'이 아니라 '노인 한 명'은 어떻게 말할까? 성별 없이 이야기할 때는 an old person / a senior citizen / an elderly person이라고 하면 된다.

There was an old person sitting in the café.
카페에 노인 한 분이 앉아 계셨다.

한편 한국어에서는 일반적으로 노인을 지칭할 때 '할아버지', '할머니'라는 표현을 쓰지만, 영어에서 grandfather와 grandmother는 가족을 말할 때만 쓰는 단어이다. 일반적인 '남성 노인'은 an old man이라고 하는데, 만약 좀 더 공경하는 의미를 담고 싶으면 an old gentleman이라고 하면 된다. '여성 노인'은 an old woman이라고 하는데, 남성과 달리 an old lady라고는 하지 않으니 주의하자. 보통 an old lady에는 '남편과 사별한 미망인'이라는 뉘앙스가 있기 때문이다.

There was an old man[gentleman] sitting in the café.
카페에 할아버지 한 분이 앉아 계셨다.

There was an old woman sitting in the café.
카페에 할머니 한 분이 앉아 계셨다.

20세 미만 인구와 65세를 넘는 인구의 비율은 2 대 1이다.

The ratio of people under 20 to people

twenty

over 65 is 2:1.

sixty-five   two to one

PLUS+   The ratio of people under 20 to the elderly over 65 is 2:1.

몇 대 몇의 '비율'을 뜻하는 ratio는 비교 대상이 있을 때 쓸 수 있는 단어이다.
예를 들어 '20세 미만 인구(people under 20)'가 전체 인구의 20%, '65세를 넘
는 인구(people over 65)'가 10%라고 할 때, 두 집단의 ratio는 2:1이다. 한편 영
어로 '몇 대 몇'이라는 비율을 읽을 때는 중간에 전치사 to를 넣어 읽는다. 따라
서 2:1은 two to one이라고 읽으면 된다. 마찬가지로 5:3은 five to three, 10:6
은 ten to six라고 읽는다.

**The ratio of male students to female students in the
department is 4:3** [four to three].
그 학과의 남학생과 여학생의 비율은 4 대 3이다.

The ratio of teachers to students is 1:10 [one to ten].
교사 대 학생 비율은 1 대 10이다.

이런 표현은
NO!   **The percentage of people under 20 to people more than 65 is 2:1.**
percentage는 어느 한 집단의 '(퍼센트로 나타낸) 비율'을 뜻한다. A 집단과 B 집단을 비교하는
'비율'은 ratio이다. 아울러 '65세를 넘는'은 more than 65가 아니라 over 65 / above 65 /
older than 65라고 해야 한다.

2인 1조로 조를 편성해 연습을 시작하겠습니다.

We'll make groups of two and start to practice.

PLUS+　We'll practice in groups of two.

종종 여러 명이 조를 짜서 학교 수업이나 프로젝트를 진행하는 경우가 있는데, 이때의 '조'는 group 또는 team이라고 한다. 조가 여러 개일 때는 groups / teams처럼 복수형으로 쓴다. '2인 1조'는 groups composed of two people이라고 해도 좋지만, 간단하게 groups of two라고 표현할 수 있다.

참고로 '2인 1조로'라고 할 때 전치사 in을 써서 in groups of two라고 해도 된다. in groups는 '그룹 단위로'란 뜻이다. '3인 1조'와 '4인 1조'도 같은 방식으로 표현할 수 있다.

We had a group discussion interview in groups of four.
우리는 4인 1조로 토론 면접을 봤다.
The applicants were interviewed in groups of three.
응시자들은 3인 1조로 면접을 보았다.
They performed the project in groups of six.
그들은 6인 1조로 프로젝트를 진행했다.

이런 표현은
NO!　**We'll arrange a team composed of two people and start to practice.**
여러 개의 team이 만들어지므로 단수형 a team이 아니라 복수형 teams라고 써야 한다. 참고로 team은 영속적인 조직을 뜻하기도 하지만, 그때그때 필요에 따라 구성되었다가 해체되는 일시적인 모임을 가리키기도 한다.

조지 6세는 엘리자베스 2세의 아버지였다.

George VI was the father of Elizabeth II.
the Sixth   the Second

PLUS+   George the Sixth was the father of Elizabeth the Second.

서양에서는 이름을 지을 때 기존에 존재하는 이름(James, John, Jane 등)에서 따오는 것이 특징이다. 그러다 보니 역대 왕이나 교황의 이름이 같은 경우가 많아 '1세', '2세' 등을 붙여 이름을 구분하곤 한다. '조지 6세' 역시 '조지'라는 이름을 가진 다른 5명의 왕들과 구분하기 위해 뒤에 '6세'를 붙인 것이다. 이때는 George VI처럼 로마 숫자를 사용해 표기하는데, 읽을 때는 George the Sixth처럼 〈이름 + the + 서수〉로 읽는다. 표기할 때 이렇게 서수로도 쓸 수 있다. 마찬가지로 '엘리자베스 2세'는 Elizabeth II 또는 Elizabeth the Second라고 표기한다.
참고로 '람세스 1세~10세'를 나타내는 다음 표현을 보면서 로마 숫자 읽는 법을 익혀 보자.

Ramesses I [the First]	**Ramesses VI** [the Sixth]
Ramesses II [the Second]	**Ramesses VII** [the Seventh]
Ramesses III [the Third]	**Ramesses VIII** [the Eighth]
Ramesses IV [the Fourth]	**Ramesses IX** [the Ninth]
Ramesses V [the Fifth]	**Ramesses X** [the Tenth]

 이런 표현은
NO!   **George 6 is the father of Elizabeth 2.**
'조지 6세'는 George VI, '엘리자베스 2세'는 Elizabeth II라고 써야 한다. 또한 조지 6세는 이미 사망했으므로 '현재에는' 더 이상 엘리자베스 2세의 아버지가 아니다. '과거에 살아 있었을 때' 아버지였던 것이므로 현재시제 is가 아니라 과거시제 was를 써야 한다.

로마 숫자 2 ● 027. MP3

제2차 세계대전은 1939년에 발발했다.

World War II occurred in 1939.
Two   nineteen thirty-nine

PLUS+   The Second World War broke out in 1939.

'몇 차 세계대전'은 로마 숫자나 서수를 사용해 표현한다. '제1차 세계대전'은
World War I으로 적고 World War One이라고 읽는다. 또는 서수를 써서 the
First World War라고도 한다. '제2차 세계대전'은 World War II [Two] 또는
the Second World War, '제3차 세계대전'은 World War III [Three] 또는 the
Third World War라고 한다. 다만 '제3차 세계대전'은 아직 발생한 것은 아니므
로, 분명히 발생할 것이라 확신하는 경우라면 정관사를 붙여 the Third World
War라고 하고, 발생할 수도 있고 발생하지 않을 수도 있다고 생각하는 경우에
는 부정관사를 붙여 a third World War라고 한다.[4]

The Third World War will be catastrophic.
제3차 세계대전은 파멸적일 것이다. ▶ 전쟁이 일어날 것임을 확신할 때
A third World War will be catastrophic.
제3차 세계대전은 파멸적일 것이다. ▶ 전쟁을 피할 수도 있다고 생각할 때
We might have a third World War.
제3차 세계대전이 일어날 수도 있다.

NO!   **World War the second happened in 1939.**
'제2차 세계대전'은 the Second World War이다. 또한 '(전쟁이) 발발했다/터졌다'라는 뜻으로
동사 happened는 적절하지 않다. 의도하지 않게 우발적으로 발생했다는 느낌을 강하게 주기
때문이다. 대신 broke out / started / began을 쓰는 것이 좋다.

PART 2

네이티브는
단위를 이렇게 말한다

허리 32인치 • 몸무게 70킬로그램 • 키 180센티미터 • 높이 100미터 • 가로 74밀리미터, 세로 153밀리미터 • 500미터 떨어진 • 지름 10만 광년 • 시속 10킬로미터 • 면적 10만 제곱킬로미터 • 대지 100평, 건평 60 • 배기량 2700 cc • 갤런당 50마일 • 열 39.5도 • 영하 2도 • 90도 회전 • 알코올 도수 43도 • 시력 1.0 • 혈압 180 mmHg • 110볼트 • 규모 5.5의 지진 • 55 사이즈 • 신발 사이즈 265 • 14k 금 귀걸이

나는 허리가 32인치이다.

My waist is 32 inches.
thirty-two

PLUS+　My waist measures at 32 inches.

미터법을 기본 단위로 사용하는 한국에서도 바지의 허리둘레는 보통 인치 (inch)로 말한다. inch는 길이를 나타내는 단위로, 1인치가 2.54센티미터에 해당한다. 표기할 때는 inch의 축약형 in.을 쓰기도 한다. 이때 in 다음에는 점 (period)을 찍어야 하며, 단수와 복수 모두 in.으로 쓴다. 읽을 때만 복수형 inches를 사용한다. 따라서 '32인치'는 32 in.으로 표기하고 읽을 때는 32 inches 라고 한다.

참고로 '허리'는 상황에 따라 여러 부위를 지칭할 수 있다. 맥락에 따라 waist(몸통과 엉덩이 사이의 잘록한 부분), hip(골반, 고관절), side(옆구리), back(등)으로 나타낼 수 있다.[1] '허리가 32인치이다'의 '허리'는 허리둘레를 이야기하는 것이므로 waist를 쓰는 것이 적절하다.

이런 표현은
NO!
My waist is 32 inches wide.
허리둘레를 말할 때는 32 inches wide처럼 말하지 않는다. wide는 '폭'을 나타낼 때 쓰는 단어이다. 예를 들어 '이 종이는 가로 5인치, 세로 8인치이다'를 This paper is five inches wide and eight inches long.이라고 한다.

단위를 표현하는
미터법과 야드파운드법

질량, 길이, 무게 등을 표현할 때 전 세계적으로는 미터법(metric units)을 채택하고 있다. 우리나라도 미터법을 채택하고 있지만 보조적으로 척근법과 야드파운드법도 함께 활용하고 있다. 미국도 공식적으로는 미터법을 채택하고 있으나, 일상생활에서는 야드파운드법을 바탕으로 하는 미국 단위계(U.S. customary units)가 뿌리 깊게 박혀 있다. 따라서 미국인들과 단위와 관련해 의사소통을 해야 하는 경우, 주요 단위를 어떻게 변환해서 말해야 하는지 정도는 숙지하고 있어야 한다.

조금만 들여다봐도 각 단위들은 모든 경제, 사회, 문화 영역에서 치열한 각축을 벌이고 있음을 알 수 있다. 미국에서 시작되었거나 미국이 주도권을 가지고 있는 산업 분야에서는 거의 예외 없이 '피트', '인치'를 기본으로 쓴다. 자동차, 항공기, TV 등이 대표적인 예인데, 이들을 조립하기 위해 사용되는 볼트, 너트 등 아주 작은 부품들까지도 '인치' 단위가 아직까지 표준으로 사용되고 있다. 그러나 미터법이 표준인 산업 분야가 압도적으로 많으므로 드릴, 볼트, 너트, 나사 시장은 미터법에 따라 만들어진 부품, 공구들과 미국 단위계에 따라 제조된 부품, 장비가 혼재되어 복잡한 양상을 띠고 있다.

우리나라는 근대화 이후 미국의 영향을 많이 받았기 때문에 일상생활에 의외로 야드파운드법의 흔적이 많이 남아 있다. 특히 인치는 생각보다 광범위하게 사용되고 있다. 바지의 허리 둘레에 더해 TV, 컴퓨터, 스마트폰 화면 크기도 인치로 표기하고 있고, 자동차 바퀴 폭은 밀리미터로 나타내지만 바퀴 직경에는 인치를 쓰고 있다. 콜라 한 캔의 용량은 딱 떨어지지 않는 숫자인 355 ml인데, 이는 콜라의 발원지 미국에서 12 oz(온스)로 판매하던 것을 밀리리터로 바꾸었기 때문이다. 스타벅스 커피의 '톨' 사이즈의 용량이 355 ml(12 oz)인 것도 이와 연관이 있다.

내 몸무게는 70킬로그램이다.

My weight is 70 kg.
seventy kilograms

PLUS+ My weight is 155 lbs.

한국은 몸무게를 나타낼 때 kilogram(kg) 단위를 쓰지만, 미국은 pound(lb)라는 단위를 쓴다. '킬로그램'은 표기할 때 단수와 복수 모두 kg로 적고, 복수인 경우에만 kilograms로 읽는다. 따라서 70 kg은 seventy kilograms라고 읽으면 된다. 하지만 '파운드'의 경우에는 약어를 쓸 때 1파운드만 단수형 lb를 쓰고, 이를 제외한 나머지는 복수형 lbs로 적는다. 70킬로그램은 약 155파운드에 해당하는데, '155 파운드'는 155 pounds 또는 155 lbs라고 한다. 읽을 때는 one hundred fifty-five pounds라고 하며, 이를 줄여서 one fifty-five라고 해도 된다.

> **TIP**   **pound의 약어는 왜 p가 아니라 lb일까?**
>
> pound를 lb라고 쓰게 된 것은 고대 로마 시대로 거슬러 올라간다. 고대 로마의 중량 단위는 '리브라 폰도(libra pondo)'였는데, 시간이 지나면서 '리브라(libra)'를 생략하고 '폰도(pondo)'만을 사용하게 되었다. 다만 파운드 단위를 적을 때는 아직도 옛 관습에 따라 libra에서 따온 lb로 표기한다. 영국의 화폐 '파운드'의 기호인 £ 역시 libra의 L에서 따온 것이다.

───────

이런 표현은
NO! **I am 70 kg heavy.**

나이를 말할 때 I'm 20 years old.라고 하고 키를 말할 때 He's 180 cm tall.이라고 하지만, 몸무게를 I am 70 kg heavy.라고 하지는 않는다. 형용사 heavy는 몸무게를 나타내는 용법으로 쓰이지 않는다.

걔는 키가 180센티미터이다.

He's 180 cm tall.
one hundred eighty centimeters

PLUS+ He's 5 feet 11 inches tall.

한국에서는 센티미터(centimeter)로 키를 나타내지만, 미국에서는 피트(feet)와 인치(inch)를 사용해 키를 표현한다. 1피트는 12인치인데, 두 단위를 함께 사용한다. cm는 kg과 마찬가지로 단수와 복수 형태가 같은데, 복수인 경우에만 centimeters로 읽는다. '180 cm'는 one hundred eighty centimeters라고 읽는데, 이것을 미국에서 사용하는 피트와 인치로 변환하면 5 feet 11 inches가 된다. 축약하여 5 ft. 11 in. 또는 간단히 기호를 사용해 5′ 11″라고 쓰기도 한다. 이때 5′ 11″는 five feet eleven inches 또는 줄여서 five eleven이라고 읽는다.

She is 5′ 3″ [five feet three inches] **tall.**
그녀는 키가 5피트 3인치이다.

I'm 6′ 1″ [six feet one inch] **tall.**
난 키가 6피트 1인치이다.

The basketball player is over 190 cm [one hundred ninety centimeters] **tall.**
그 농구선수는 키가 190센티미터를 넘는다.

이런 표현은 **He's 180 cm high.**

키를 말할 때는 단위 뒤에 high가 아닌 tall을 붙인다. 따라서 He's 180 cm tall.이라고 해야 맞는 문장이 된다. high 대신 '키'를 뜻하는 명사 height을 사용하여 His height is 180 cm.라고 할 수는 있다.

그 건물은 높이가 100미터이다.

The building is <u>100 m</u> high.
one hundred meters

PLUS+ The building is 328 ft tall.

'100미터'는 100 m라고 쓰고, 말할 때는 복수형으로 one hundred meters라고 읽는다. '100미터'를 미국에서 사용하는 피트 단위로 변환하면 약 '328피트'인데, 328 ft는 three hundred twenty-eight feet라고 읽는다.

참고로 사람의 키를 나타낼 때는 형용사 tall만 쓸 수 있지만, 건물의 높이를 말하는 경우에는 tall과 high를 둘 다 쓸 수 있다. high가 좀 더 자연스럽기는 하지만 tall을 써도 괜찮다. 건축물 높이를 비교할 때에도 tall과 high를 둘 다 쓸 수 있다. 다만 high에는 지표상으로부터의 고도(altitude)를 뜻하는 '높은'이란 뜻도 있기 때문에 tall을 쓸 수 없는 경우도 있다.

That tower is taller[higher] than the one in Seoul.
그 타워는 서울에 있는 타워보다 높다.

My apartment is higher than hers.
내 아파트는 그 친구 아파트보다 (지표면으로부터) 높은 위치에 있다.

 The building is 100 meter high.

NO! 단수형 meter가 아니라 복수형 meters라고 써야 한다. He was arrested after he illegally climbed a 100-meter-high building.(그는 불법적으로 100미터 건물을 기어올라 간 후 체포되었다.)처럼 숫자 표현이 형용사로서 명사를 수식하는 경우에만 단수형으로 쓴다.

이 스마트폰은 가로 74밀리미터, 세로 153밀리미터이다.

This smartphone is <u>74 mm</u> wide and
seventy-four millimeters

<u>153 mm</u> long.
one hundred fifty-three millimeters

PLUS+ This smartphone is 74 by 153 mm.

종이나 핸드폰 등 네모난 물체의 가로와 세로 사이즈를 말할 때 '가로'는 wide, '세로'는 long을 써서 〈숫자 + 단위 + wide / long〉의 형태로 나타낸다. 두께를 표현할 때도 비슷하게 〈숫자 + 단위 + thick〉 형태를 활용해 This smartphone is 8.7 mm thick.(이 스마트폰은 두께가 8.7밀리미터이다.)라고 말한다. 단위 mm 는 millimeter라고 읽는데, 복수형일 때는 millimeters라고 읽어야 한다. 한편 가로와 세로 사이즈를 74×153처럼 쓰기도 하는데, 말할 때는 전치사 by를 넣어 74 by 153라고 읽는다.

참고로 '가로선/세로선을 그어라'할 때의 '가로', '세로'는 wide / long 대신 horizontal(수평의) / vertical(수직의)을 활용해 나타낸다.

Draw a horizontal line.
가로선을 한 줄 그으세요.

Draw a 10-centimeter line vertically.
세로로 10센티미터 선을 그으세요.

 이런 표현은 **NO!** **This smartphone is 74 mm wide by 153 mm long.**
전치사 by를 써서 가로와 세로 사이즈를 나타내는 경우에는 wide나 long을 쓰지 않는다. 참고로 단위는 상식적으로 아는 경우에는 생략해도 좋다. 예를 들어 '이 종이는 가로 8 1/2인치, 세로 11인치이다'는 This paper is eight and a half by eleven.이라고만 해도 충분하다.

그 두 집은 500미터 떨어져 있었다.

The two houses were 500 m apart.
five hundred meters

PLUS+ The two houses were 1,640 ft apart.

'(거리가) ~만큼 떨어져 있다'는 〈숫자 + 단위 + apart〉 형식으로 표현한다. 거리를 나타낼 때 한국에서는 미터(meter)를 쓰지만, 미국에서는 피트(feet)나 야드(yard) 단위를 사용한다. 1 yard는 3 feet에 해당한다. feet는 일상적인 단위로 자주 사용되지만, yard는 일상생활보다는 골프나 미식축구 같은 스포츠에서 주로 사용되는 단위이다.

500 m는 피트와 야드로 변환하면 각각 1,640 ft와 546 yd가 된다. 1,640 ft는 one thousand six hundred forty feet라고 읽어도 좋지만 일반적으로는 간단하게 sixteen hundred forty feet라고 읽는다. 한편 yard의 약어인 yd는 복수형도 yd로 표기하지만 읽을 때는 yards로 읽으므로 주의하자.

The two houses were 546 yd [five hundred forty-six yards] **apart.**
그 두 집은 546야드 떨어져 있었다.

The two houses were 500 meters distant.
형용사 distant에는 '거리가 먼'이라는 뜻만 있으므로 이렇게 쓸 수 없다. 대신 명사 distance(거리)를 활용해 The two houses had a 500-meter distance between them. 또는 The distance between the two houses was 500 meters.라고 할 수는 있다.

우리 은하는 지름이 10만 광년이다.

Our galaxy is 100,000 light years in diameter.
one hundred thousand

PLUS+　Our galaxy is 100,000 light years wide.

우주는 너무나도 광대하기 때문에 통상적인 단위를 쓰지 못하고, light year(광년)란 단위를 사용해 거리를 측정한다. light year는 '빛이 1년 동안 이동한 거리'를 나타낸다. year 때문에 시간 단위라고 오해하기 쉽지만, 시간이 아닌 거리를 나타내는 단위이므로 주의하자.

'지름이 10만 광년이다'를 풀어서 생각하면 '지름 측면에서[기준으로] 10만 광년'이란 말이므로 〈100,000 light years + in diameter〉라고 표현하면 된다. 이처럼 길이, 너비, 크기, 용량 등의 수치를 나타낼 때 전치사 in을 사용한다.

50 m in **height**　높이 50미터
4.5 cm in **width**　너비 4.5센티미터
100,000 km² in **area**　면적 10만 제곱킬로미터
2 feet in **length**　길이 2피트
100 liters in **volume**　용량 100리터
1 million dollars in **damages**　피해 100만 달러

NO!　**Our universe is 100,000 light years in diameter.**
universe는 '전체 우주'를 뜻하는 단어이므로 틀렸다. '은하'는 galaxy이며 '우리 은하'는 our galaxy 또는 the Milky Way라고 한다. 참고로 사람이 맨눈으로 볼 수 있는 가장 먼 거리에 있는 천체인 '안드로메다 은하'를 Andromeda galaxy라고 한다.

러닝머신에서 시속 10킬로미터로 5킬로미터를 뛰었다.

I set the treadmill at a speed of 10 km/h
ten kilometers per hour
ten kilometers an hour

and ran 5 km.
five kilometers

'시속 ~킬로미터'는 km/h로 표기하고, kilometer per hour 또는 kilometer an hour라고 읽는다. km는 표기할 때는 항상 단수형으로 적어야 하지만, 말할 때는 정확히 1 km를 제외한 숫자(0.1 km, 5 km, 100 km 등)를 모두 복수형 kilometers라고 읽어야 한다. 따라서 10 km/h는 ten kilometers per[an] hour 라고 읽는다. 참고로 '초속 ~미터'는 m/sec로 표기하고 meter(s) per[a] second 라고 읽는데, 마찬가지로 1 m/sec를 제외하고는 모두 복수형 meters로 읽는다. '시속 10킬로미터로'는 전치사 at을 활용해 at a speed[pace] of 10 km/h라고 하는데 간단하게 at 10 km/h라고 해도 좋다. at은 특정 지점이나 위치를 가리킬 때 주로 쓰는 전치사인데, 여기에서 용법이 더욱 확장되어 어떤 비율로 변하거나 어떤 속도로 이동하는 경우 등을 나타낼 때도 사용된다.

> **at a pace of** ~의 속도로
> **at an altitude of** ~의 고도로
> **at a rate of** ~의 비율로
> **at the age of** ~의 나이로

 I set 10 km/h and ran 5 km on the running machine.

NO! 우리가 일상적으로 쓰는 말인 '러닝머신'은 사실 콩글리시로, 실제로는 treadmill이 맞는 단어이다. tread(밟다)와 mill(공장, 방앗간)이 결합한 단어인데, 19세기 영국에서 죄수들에게 중노동을 시키기 위해 개발한 기계가 그 시초가 되었다고 한다.

헷갈리기 쉬운
단위의 복수형

영어로 단위를 쓸 때는 특히 복수형을 어떻게 쓰는지 주의할 필요가 있다. 약어로는 단수형과 복수형을 똑같이 표기하는 단위가 대부분이기 때문이다.

대체로 미터법 표기에서는 약어로 쓸 때는 단수형(cm, m, km, g, kg 등)만 사용되는 것이 일반적이다. 물론 읽을 때는 복수형으로 읽는다. 예를 들어 표기할 때는 10 kg이라고 적지만 읽을 때는 ten kilograms가 되는 것이다. 10 cc에서도 단위 cc는 복수형으로 쓰지 않지만, 읽을 때는 cubic centimeters 또는 [씨씨즈]처럼 복수형으로 읽어야 한다.

미국식 단위 체계인 야드파운드법에서는 복수형을 적는 법이 일관적이지 않아서 더 까다롭다. 단위에 따라 복수형으로 적는 경우도 있고 단수형으로 적는 경우도 있다. 물론 읽을 때는 예외 없이 복수형으로 읽는다. 무게 단위인 '파운드'의 경우는 단수형과 복수형을 다르게 표기한다. '1파운드'는 1 pound 또는 1 lb.이고, '10파운드'는 10 pounds 또는 10 lbs.이다. 하지만 길이 단위인 '피트'의 경우에는 단수형은 foot, 복수형은 feet이지만 약어는 단수형과 복수형이 ft.로 동일하다. '1피트'는 1 foot 또는 1 ft.이고 '10피트'는 10 feet 또는 10 ft.이다. 마찬가지로 '인치'도 약어로 적을 때는 단수형, 복수형 모두 in.이지만, 1 이외의 숫자일 경우 읽을 때 복수형으로 읽는다. '1인치'는 1 inch 또는 1 in.이고, '10 인치'는 10 inches 또는 10 in.이다. 무게 단위인 '온스'도 마찬가지인데, '1온스'는 1 ounce 또는 1 oz.이고, '10온스'는 10 ounces 또는 10 oz.라고 한다.

10 kg [ten kilograms] 10킬로그램

10 m [ten meters] 10미터

10 cc [ten cubic centimeters] 10 cc

10 lbs. [ten pounds] 10파운드

10 ft. [ten feet] 10피트

10 in. [ten inches] 10인치

10 oz. [ten ounces] 10온스

10 yd. [ten yards] 10야드

한국은 총 면적이 10만 제곱킬로미터이다.

The total area of South Korea is 100,000 km².

one hundred thousand square kilometers

PLUS+ South Korea has a total area of 100,000 km².

'한국의 총 면적'은 영어로 total area of South Korea이다. '10만 제곱킬로미터' 는 100,000 km²라고 쓰고 one hundred thousand square kilometers라고 읽는디. '제곱'은 단위 앞에 square를 붙여서 읽으면 된다. 마찬가지로 '제곱센티미터(cm²)'는 square centimeter(s), '제곱미터(m²)'는 square meter(s)라고 읽는다.

Seoul measures at 605 km² [six hundred five square kilometers] **in area.**
서울은 면적이 605제곱킬로미터이다.

My room is 10 m² [ten square meters] **in area.**
내 방은 면적이 10제곱미터이다.

이런 표현은
NO! **South Korea's land mass is 100,000 km².**
mass은 '덩어리'를 뜻한다. 면적이 아니라 무게 개념을 나타내는 단어이므로 표제문에는 맞지 않는다. land mass 대신 land size 또는 land area로 고치면 맞는 문장이 된다.

그 건물은 대지가 100평이고 건평이 60평이다.

The lot is 3,558 sq ft, and the building is 2,135 sq ft.

three thousand five hundred fifty-eight square feet
thirty-five hundred fifty-eight square feet

two thousand one hundred thirty-five square feet
twenty-one hundred thirty-five square feet

한국에서는 건물의 면적을 나타낼 때 공식적으로는 미터법을 채택하고 있지만, 시중에서는 보통 '평' 단위를 사용하고 있다. 네이티브와 이야기할 때는 미터 또는 피트로 전환해 말하면 된다. 특히 미국에서는 건물의 면적 단위로 square feet(제곱 피트)를 사용한다. 미국인에게 대지와 건물의 면적을 알려 주는 경우라면, 이렇게 제곱 피트 방식으로 전환해서 설명해야 상대방이 제대로 이해할 수 있을 것이다. '1평'은 3.3 m²이며 35.58 square feet에 해당한다.

square feet는 약어로는 sq ft라고 표기한다. 3,558 sq ft는 three thousand five hundred fifty-eight square feet라고 읽기도 하지만 thirty-five hundred fifty-eight square feet라고도 읽는다. 마찬가지로 2,135 sq ft는 two thousand one hundred thirty-five square feet 또는 twenty-one hundred thirty-five square feet라고 읽을 수 있다.

이런 표현은

NO!

It's 100 pyeong in land, and 60 pyeong in building.
'평(pyeong)' 단위를 그대로 말해 봤자 네이티브는 이해할 수 없다. 따라서 미터나 피트 단위를 사용해 말해야 한다. 또한 '대지'는 lot, '건평'은 building을 써서 나타내므로 in land도 어색한 표현이다.

내 차는 배기량이 2700 cc이다.

My car is 2700 cc.
twenty-seven hundred cubic centimeters
twenty-seven hundred ccs

PLUS+ I have a 2700-cc car.

자동차의 배기량은 cc로 표기하는데, cubic centimeter 또는 알파벳 그대로 cc 라고 읽는다. 복수형은 cubic centimeters인데, cc에 -s를 붙여서 [씨씨즈]라고 읽기도 한다. 참고로 cc와 ml는 똑같이 부피를 나타낼 때 쓰는 단위이다.
'내 차는 배기량이 2700 cc이다'를 '내 차는 2700 cc이다'라고 해도 별로 문제되지 않듯이, 영어로도 displacement(배기량) 같은 어려운 단어를 쓸 필요 없이 간단히 My car is 2700 cc.라고 하면 된다. 자동차의 배기량은 사실 엔진(engine)의 배기량을 말하는 것이므로 My car's engine is 2700 cc. 또는 My car has a 2700 cc engine.이라고 해도 좋다.

이런 표현은 **My car is 7.1 gal.**
NO! 미국은 실생활에서 미터법을 거의 사용하지 않지만, 배기량만큼은 한국과 똑같이 cc로 표기한다. gal.은 gallon의 줄임말인데, 미국에서 자동차 연료량을 나타낼 때 쓰는 단위이다.

내 차 연비는 갤런당 50마일이다.

My car gets 50 miles to the gallon.
fifty

PLUS+　I get 50 miles per gallon with my car.

한국과 미국은 자동차 연료량과 도로 거리를 나타내는 단위가 모두 다르다. 자동차의 연료 단위로, 한국에서는 리터(liter)를 사용하지만 미국에서는 gallon을 사용한다. (1갤런 = 3.8리터) 한편 미국에서는 도로 거리를 mile(마일) 단위로 표시한다. 미국 도로를 달리다 보면 출구(exit)를 나타내는 표지판에 ½, 1½ 같은 표시를 많이 볼 수 있는데, 이는 마일 표시이다. 1 mile은 약 1.6 km이므로, ½은 출구까지 약 800미터 남았다는 뜻이고, 1½은 출구까지 약 2.4 km 남았다는 뜻이다.

자동차의 '연비'는 '1갤런의 연료로 자동차가 주행할 수 있는 마일 수(the number of miles a vehicle will travel using one gallon of fuel)를 의미한다. '1갤런당 50마일'은 50 miles to the gallon / 50 miles per gallon / 50 miles a gallon으로 나타내면 된다.

 My car's oil rate is 50 miles per gallon.

NO!　'연비'는 oil rate가 아니라 gas mileage 또는 fuel efficiency라고 한다. 따라서 '내 차 연비'는 my car's gas mileage 또는 my car's fuel efficiency라고 해야 한다.

그는 열이 39.5도까지 올라갔다.

His temperature went up to 39.5°C.

thirty-nine point five degrees Celsius

PLUS+ His temperature went up to 103.1°F.

'섭씨'는 Celsius 씨(氏), '화씨'는 Fahrenheit 씨(氏)라는 사람이 제안한 온도 체계이다. 오늘날 대부분의 나라에서 섭씨 온도 체계를 사용하는 데 반해, 미국 등 소수의 나라에서는 화씨를 사용하고 있다.

'섭씨 몇 도'와 '화씨 몇 도'는 각각 ℃와 °F라는 기호로 표기하며, 섭씨는 〈숫자 + degree(s) Celsius〉, 화씨는 〈숫자 + degree(s) Fahrenheit〉라고 읽는다. 숫자의 소수점(.)은 point라고 읽으면 된다. 따라서 39.5℃는 thirty-nine point five degrees Celsius라고 읽고, 103.1°F는 one hundred three point one degrees Fahrenheit라고 읽는다.

TIP 　　　　　　　　　 **섭씨와 화씨, 뭐가 다를까?**

섭씨는 물의 어는점을 0도, 끓는점을 100도로 기준으로 삼은 온도 단위이다. 반면 화씨는 물의 어는점을 32도, 끓는점을 212도로 하여 이 사이의 온도를 180등분한 단위이다. 화씨는 일상생활에서 쉽게 접할 수 있는 온도 범위에 적합하다. 예를 들어 매섭게 추운 날 기온은 0°F(약 −18℃), 물의 어는점은 32°F(0℃), 정상체온은 98.6°F (37℃), 물의 끓는점은 212°F(100℃)이다.

이런 표현은 **The heat went up to 39.5°C.**

NO! heat은 '열기, (조리용) 불'을 뜻한다. 사람 몸에서 나는 '열'은 fever / temperature / body temperature라고 해야 한다.

내일 아침 최저 기온은 영하 2도입니다.

Tomorrow morning, the low will be -2°C.

minus two degrees Celsius

PLUS+ Tomorrow morning, the low will be 28.4°F.

영하의 기온을 읽을 때는 숫자 앞에 minus를 붙인다. 따라서 '섭씨 영하 2도'를
뜻하는 −2°C는 minus two degrees Celsius라고 읽으면 된다. 섭씨임이 자명한
경우라면 Celsius는 빼고 minus two degrees / minus two / two below zero /
two below라고 읽기도 한다. 한편 '섭씨 영하 2도'는 '화씨 28.4도'에 해당하며,
28.4°F는 twenty-eight point four degrees Fahrenheit라고 읽는다.
참고로 화씨 기준으로 영하 온도는 −18℃ 미만이다. 따라서 아주 추운 지방이
아닌 한 일상생활에서 화씨로 영하의 기온을 말할 일은 거의 없다.

Today, the high is 3°C [three degrees Celsius]**, and the low is -8°C**
[minus eight degrees Celsius]**.**
오늘 최고 기온은 3도, 최저 기온은 영하 8도입니다.

The temperature was -1°C [minus one degree Celsius]**, but the wind
chill made it feel like -10°C** [minus ten degrees Celsius]**.**
기온은 영하 1도였는데 바람 때문에 체감온도는 영하 10도였다.

 Tomorrow morning, it will be -2°C in the lowest.
NO! '최저 기온'을 일반적으로는 the low라고 하며 '최고 기온'은 the high라고 한다. 위 문장은
Tomorrow morning's lowest temperature will be −2℃.로 고치면 괜찮은 문장이 된다.

이미지를 반시계 방향으로 90도 회전시키세요.

Rotate the image by 90 degrees
<u>ninety</u>
counterclockwise.

PLUS+　Rotate the image 90 degrees in the counterclockwise direction.

각도를 나타내는 단위 '도(度)'는 온도 단위와 마찬가지로 degree를 쓴다. '90도'
는 복수형을 써서 ninety degrees라고 읽으면 된다. 위 문장에서 '90도'는 '90도
로' 회전시키라는 뜻이므로 by 90 degrees라고 하면 된다. 이때 전치사 by는 생
략해도 된다. 참고로 '시계 방향으로'는 clockwise / in the clockwise direction,
'반시계 방향으로'는 counterclockwise / in the counterclockwise direction이
라고 한다.

Rotate it 90 degrees clockwise.
Rotate it 90 degrees in the clockwise direction.
그걸 시계 방향으로 90도 회전시키세요.

이런 표현은 **Spin the image by 90 degrees anticlockwise.**
NO! 동사 spin은 팽이처럼 계속해서 '회전시키다, 돌리다'라는 뜻이므로 어색하다. 한편 anticlockwise
는 '반시계 방향으로'를 뜻하는 영국식 영어이다. 접두사 anti는 '반대하는, 좋아하지 않는'이란 뜻
으로 anti-government는 '반 정부', anti-abortion은 '낙태 반대'란 뜻이다.

이 보드카는 도수가 43도이다.

This vodka is 86 proof.
eighty-six

술의 도수 표기법은 나라마다 다르다. 한국의 경우에는 섭씨 15℃에서 알코올의 부피가 몇 %인지를 나타내는 용량 퍼센트(percent by volume) 방식으로 표기하고 있다. 예를 들어 알코올 도수가 '43도'라는 것은 술 100 ml에 알코올이 43 ml가 들어 있다는 말이다.

반면 미국이나 영국에서는 보드카, 위스키처럼 알코올 도수가 높은 술(liquor)에 대해서는 proof(프루프) 단위를 사용하고 있다. proof는 퍼센트에 2를 곱한 값이므로 '43도'는 86 proof이다. 다만 맥주와 와인처럼 약한 술에 대해서는 미국에서도 대체로 퍼센트로 표시해 〈숫자 + % + alcohol〉이라고 한다. 예를 들어 '이건 도수가 5도이다'는 This is 5% alcohol.이라고 말한다.

This white wine contains 13% [thirteen percent] **alcohol.**
이 화이트 와인은 도수가 13도이다.

Usually, American beer has 4% [four percent] **alcohol.**
보통 미국 맥주는 도수가 4도이다.

이런 표현은 **NO!**   **This vodka is 43 degrees.**
영어로 독주의 알코올 도수는 proof로 나타낸다. 퍼센트로 표현할 때는 This vodka is 43% alcohol. / The alcohol content of this vodka is 43%.라고 하면 된다. degree는 술의 도수를 나타낼 때는 쓸 수 없으니 주의하자.

저는 시력이 오른쪽은 1.0, 왼쪽은 0.2입니다.

I have 20/20 vision in my right eye and
twenty twenty
20/100 vision in my left eye.
twenty one hundred

'시력'은 vision 또는 eyesight라고 하는데, 미국의 시력 측정 단위는 한국과 다르다. 한국에서는 시력을 1.0, 0.5, 0.1처럼 나타내지만, 미국에서는 20/20 [twenty twenty], 20/40 [twenty forty], 20/200 [twenty two hundred]처럼 표기한다. 20/200은 한국 측정 방식으로는 0.1로, 내가 20피트에서 볼 수 있는 글자 E 를 다른 사람들은 200피트 거리에서 구분할 수 있다는 뜻이다. 따라서 눈이 매우 나쁘다는 것을 나타낸다. 20/20은 한국 기준으로 1.0을 가리키는데, 20/20 vision은 안경을 쓸 필요 없이 또렷하게 볼 수 있는 '완벽한 시력'이라는 의미로 도 사용된다. 참고로 오른쪽 눈 시력은 in my right eye, 왼쪽 눈 시력은 in my left eye를 활용하는데, 양쪽 시력이 같은 경우에는 좌우 구분 없이 아래처럼 말 하면 된다.

I have 20/20 [twenty twenty] **vision.**
나는 (양쪽) 시력이 1.0입니다.

My eyesight is 20/200 [twenty two hundred]**.**
나는 (양쪽) 시력이 0.1입니다.

 이런 표현은 **My eyesight is 1.0 for my right eye, 0.1 for my left eye.**
NO! 시력이 1.0이나 0.1이라고 말하면 미국 사람들은 무슨 뜻인지 전혀 이해할 수 없다. 또한 전치사 for도 잘못 쓰였다. in으로 고쳐서 in my right eye / in my left eye라고 말해야 한다.

그의 수축기 혈압이 180 mmHg까지 올라갔다.

His systolic blood pressure rose to 180 mmHg.
one hundred eighty millimeters of mercury

PLUS+　His systolic blood pressure read 180 mmHg.

혈압을 나타내는 단위는 mmHg로, millimeters of mercury라고 읽는다. (Hg는 '수은', 즉 mercury를 나타내는 화학 기호이다.) 180 mmHg는 one hundred eighty millimeters of mercury라고 읽으면 된다.

참고로 최고 혈압이 140이고 최저 혈압이 90일 때는 My blood pressure is 140/90 mmHg.(내 혈압은 140/90이다.)라고 말하는데, 140/90 mmHg는 전치사 over를 넣어 140 over 90 millimeters of mercury라고 읽는다. 일상 대화에서는 간단하게 140 over 90 millimeters라고 하거나, 더 간단하게 140 over 90라고 단위 없이 말하기도 한다.

> **TIP**　　　　　**혈압을 영어로 어떻게 말할까?**
>
> 심장이 수축하여 피를 짜내 동맥 혈관으로 혈액을 보낼 때 혈압이 가장 높은데, 이때의 혈압을 '수축기 혈압(systolic blood pressure)'이라고 한다. 반면 심장이 늘어나서 혈액을 받아들일 때 혈압이 가장 낮은데, 이때의 혈압을 '이완기 혈압(diastolic blood pressure)'이라고 한다. 참고로 정상 혈압은 수축기에 120 mmHg 미만, 이완기에 80 mmHg 미만이다.

His diastolic blood pressure rose to 180 mmHg.

diastolic blood pressure는 가장 혈압이 낮을 때인 '이완기 혈압'을 뜻하는 표현이므로 틀렸다. '수축기 혈압'은 systolic blood pressure라고 한다.

이 청소기는 110볼트용이다.

This vacuum only uses 110V.
one hundred ten volts

PLUS+ This vacuum runs at 110V.

110볼트, 220볼트 같은 전압의 단위는 volt이다.[2] 한국에서는 가정용 전기가 220볼트인 데 반해, 미국에서는 110볼트를 사용한다. '110볼트'는 110V라고 쓰고 one hundred ten volts라고 읽으며, '220볼트'는 220V로 쓰고 two hundred twenty volts라고 읽는다. '볼트(volt)'는 이탈리아의 물리학자 알레산드로 볼타에서 유래한 단위인데, 이처럼 사람의 이름에서 유래한 단위의 약자는 첫 글자를 대문자로 쓰는 것이 특징이다. 와트(W), 암페어(A), 헤르츠(Hz) 모두 마찬가지이다.

> **TIP** **영어에는 '프리 볼트'가 없다**
>
> 요즘 나오는 가전제품은 100~240볼트까지 자유롭게 사용할 수 있도록 만드는 것이 일반적인데, 이것을 한국에서는 '프리 볼트'라고 부른다. 그러나 free volt는 콩글리시이다. 실제 영어로는 dual voltage 또는 universal voltage라고 한다.
> This vacuum is dual voltage. 이 청소기는 프리 볼트이다.

NO! **This cleaner is for 110 v.**
'진공청소기'는 vacuum cleaner로, 줄여서 vacuum이라고만 해도 된다. 그러나 cleaner라고만 하면 '청소하는 사람' 또는 '세제'라는 뜻이 되므로 어색하다. 전치사 for도 맥락에 맞지 않고, 전압 '볼트'를 약자로 쓸 때는 대문자 V로 표기하고 숫자에 붙여 써야 한다.

엊그제 규모 5.5의 지진이 발생했다.

A 5.5 magnitude earthquake **took place**
five point five
the other day.

지진의 강도는 미국의 지진학자 찰스 릭터(Charles Richter)가 개발한 릭터 규모(Richter magnitude scale)를 사용해 나타낸다. 지진값이 10이 넘어가면 지상의 모든 것이 파괴되므로, 현실적으로는 1부터 9.9까지의 숫자로 나타낸다. '규모 5.5의 지진'은 a 5.5 magnitude earthquake라고 하는데, magnitude가 '(지진의) 규모, 강도'란 뜻이다. 숫자 5.5는 중간에 소수점 point를 넣어 five point five라고 읽으면 된다.

A 3.3 [three point three] **magnitude earthquake was detected on Monday.**
월요일에 규모 3.3의 지진이 관측되었다.

More than 5,000 [five thousand] **people were injured after a** 7.2 [seven point two] **magnitude earthquake hit the country.**
규모 7.2의 지진이 그 나라를 강타하여 5,000명 이상의 부상자가 발생했다.

이런 표현은
NO! **An earthquake took place in a 5.5 magnitude the other day.**
전치사 in 대신 at으로 고쳐야 한다. 〈전치사 at + 수치〉는 '수치가 ~이다'라는 뜻이다. 예를 들어 His height stands at 5 ft 11 in.(그는 키가 5피트 11인치이다.) / My weight measures at 70 kg.(내 몸무게는 70킬로그램이다.)처럼 수치를 말할 때 at을 사용한다.

그녀는 55 사이즈를 입는다.

She wears a small.

PLUS+ She wears a size 4.

미국에서는 일반적으로 옷 사이즈를 small, medium, large, extra large로 나누거나 size 2, 4, 6, 8, 10, 12, 14, 16 등의 숫자로 표현한다. 우리나라의 55 사이즈는 small 또는 size 4 정두에 해당한다. 이때 사이즈 앞에는 부정관사 a를 붙인다. 따라서 a small size / a size small / a small이라고 하거나 a size 4라고 하면 된다.

TIP **'55 사이즈'는 어디에서 온 단위일까?**

1981년에 우리나라 공업진흥청이 의류 제품 치수를 제정할 때, 당시 여성의 평균 키와 가슴둘레였던 155 cm에 85 cm를 5로 기호화하면서 여성 정장의 치수를 '55'로 정하게 되었다. 55에서 키는 5 cm 간격으로, 가슴둘레는 3 cm 간격으로 더한 치수를 66, 각각을 뺀 치수를 44로 기호화했다. 2006년에 새 의류 치수 표기법이 시행된 후 이제는 더 이상 공식적으로 사용되지 않으나, 아직 여성들 사이에서 44, 55, 66 사이즈는 널리 사용되고 있다.

 이런 표현은
NO!
She wears small clothes.
이렇게 말하면 '(그녀는 몸집이 작아서) 작은 옷을 입는다'라는 뜻이 되므로 틀렸다. 참고로 She wears large clothes.는 '몸집에 비해 큰 헐렁한 옷을 입는다'라는 뜻이 된다.

영어에는 S, M, L 사이즈가 존재하지 않는다?

한국에서는 옷의 사이즈를 나타낼 때 'S 사이즈, M 사이즈, L 사이즈, XL 사이즈'라는 표현을 많이 쓴다. 하지만 영어로는 S size, M size, L size, XL size라는 말은 쓰지 않는다. 대신 small size, medium size, large size, extra large size라고 한다. 아울러 굳이 size란 단어를 사용하지 않는 것이 더 일반적이다.

예를 들어 '그 바지 M 사이즈야'는 They are a medium size.보다는 They are a medium.이라고 하는 것이 더 일반적이다. 마찬가지로 '그 바지 L 사이즈야'는 They are a large size.보다는 They are a large.라고 말한다. 'M 사이즈 반바지 한 개'도 a pair of medium size gym shorts보다는 size를 빼고 a pair of medium gym shorts라고 표현하는 경우가 많다.

> A: **I bought some** medium**-sized shorts here, but they are too tight. I want to exchange them for a bigger size.**
> 여기서 반바지 M 사이즈를 샀는데 너무 꽉 껴요. 좀 더 큰 걸로 교환하고 싶어요.
>
> B: **I'm sorry. Right now, we don't have these in** a large size.
> 죄송합니다. 현재 L 사이즈가 없습니다.

참고로 XS는 extra small, XL은 extra large라고 하며, 그보다 더 큰 치수인 XXL는 two extra large라고 읽는다.[3]

그의 신발 사이즈는 265이다.

His shoe size is an 8.5.
eight and a half

PLUS+ His shoe size is a 265.

한국은 신발 사이즈를 밀리미터(mm) 단위로 나타내지만 미국에서는 1부터 13 까지의 숫자로 나타낸다. 심지어 같은 신발 사이즈라도 남자와 여자의 사이즈가 시로 다르다. 예를 들어 Do you have these in a size 9?(이 신발 9호짜리 있어요?) 는 남성용의 경우 270 mm, 여성용의 경우 260 mm 사이즈의 신발이 있느냐는 뜻이다.

한국 신발 사이즈의 265 mm는 남자 사이즈로는 8.5에 해당한다. 이때 8.5는 eight point five가 아니라 eight and a half라고 읽는다. 표기할 때는 a size 8.5 또는 an 8.5라고 하는데, 반드시 앞에 부정관사 a나 an을 붙여야 한다. 한국식 으로 신발 사이즈를 말할 때도 a 265 / a size 265처럼 반드시 부정관사가 필요 한데, 네이티브의 개념 속에는 부정관사가 없으면 단순히 '숫자'에 불과할 뿐 '제 품의 사이즈'를 뜻하지 않기 때문이다. 다만 한국의 신발 사이즈 체계는 미국에 는 없는 것이라 부정관사 없이 265라고 쓰는 경우도 있다.

NO! **His shoes' size is 265 mm.**
'신발 사이즈'는 shoes' size가 아니라 단수형을 써서 shoe size라고 한다. 또한 한국에서는 신 발 사이즈를 265 mm라고 하지만, 영어로 말할 때에는 265를 하나의 사이즈로 생각해서 mm 를 빼고 a 265라고만 쓰는 것이 좋다.

나는 14k 금 귀걸이 한 쌍과 18k 금 목걸이 한 개를 샀다.

I bought a pair of 14k gold earrings and
fourteen-karat
an 18k gold necklace.
eighteen-karat

금으로 만든 액세서리나 제품에서 14k, 18k, 24k처럼 숫자 뒤에 k를 붙인 표현을 많이 봤을 것이다. 24k는 '순금'을 나타내는데, 14k는 14/24, 즉 58.5%의 금을 함유하고 있다는 뜻이며 18k는 18/24, 즉 75.0%만큼의 금을 함유하고 있다는 뜻이다. 이처럼 금의 순도를 나타내는 단위는 k라고 쓰고 karat이라고 읽는다. 표기할 때는 숫자 뒤에 k를 바로 붙인다. 거의 14k gold, 18k gold, 24k gold처럼 gold를 수식하는 형용사적 용법으로 사용되는데, 14k는 fourteen-karat, 18k는 eighteen-karat, 24k는 twenty-four-karat이라고 읽으면 된다.
참고로 다이아몬드의 중량 단위인 '캐럿'은 karat이 아니라 carat이다. 예를 들어 '3캐럿 다이아몬드'는 3-carat diamond라고 한다.

This gold ring is fourteen karats.
이 금반지는 14k이다.

 이런 표현은 **NO!** I bought a pair of 14k earring and a 18k necklace.
귀걸이는 오른쪽과 왼쪽, 한 쌍으로 이루어진 물건이므로 복수형으로 earrings라고 써야 한다.
또한 18k는 발음이 모음 eighteen으로 시작되므로, 부정관사 a가 아니라 an을 붙여야 한다.

PART 3

네이티브는
금액을 이렇게 말한다

24센트의 배당금 • 6달러 75센트 • 시가 총액 6,450억 원 • 2조 달러 규모 • 300달러짜리 롱패딩 • 7개에 만 원 • 콩나물 2,000원어치 • 1,000달러 넘는 • 10달러짜리 지폐 다섯 장 • 달러당 1,100원대 • 5,600달러 • 주가 10달러대 • 손실 5,200만원 • 벌금 90달러 • 계산서 97달러 • 팁으로 15달러 • 배럴당 60달러 • 12,000달러 • 1년에 2만 달러 • 억대 연봉 • 급여가 세다 • 월세 50만 원 • 전세가 3억 5천만 원 • 요금이 많이 나오다 • 보험료 500달러

주주들은 주당 24센트의 배당금을 받았다.

Shareholders received <u>$0.24</u> per share
twenty-four cents
as a dividend.

PLUS+   Shareholders received a 24¢ dividend per share.

미국 화폐의 기본 단위는 dollar(달러)와 cent(센트)이다. 1달러가 100센트에 해당한다. '24센트'를 센트 기호(¢)로 표기할 때는 24¢처럼 숫자 뒤에 바로 붙여 쓰고, 달러 기호($)를 써서 표기할 때는 소수점을 사용해 $0.24라고 쓴다. 단, 읽을 때는 dollar로 읽지 않고 twenty-four cents라고 읽어야 한다.

That option saves you $0.08 [eight cents] **per liter at every fill-up.**
그 옵션을 선택하면 기름 넣을 때마다 리터당 8센트를 할인 받습니다.

> **TIP**   **미국 기업의 배당금**
>
> dividend(배당금)는 기업에서 이익금의 일부를 주주(shareholder/stockholder)에게 나눠 주는 금액을 말한다. 미국 기업은 주주에게 배당금을 지급하는 문화가 잘 정착되어 있다. 보통 분기 배당(quarterly dividend)을 지급하는 경우가 많으나 월별 배당(monthly dividend)을 지급하는 경우도 적지 않다.

이런 표현은
NO!   **Stockholders received zero point two four dollar dividend per stock.**
1달러 이하는 cent로 읽으므로 '24센트의 배당금'은 zero point two four dollar dividend가 아니라 a twenty-four cent dividend라고 해야 한다. 또한 stock은 '(집합적 의미의) 주식'을 의미하므로, '주식 한 주'는 a share라고 해야 한다.

그 회사 주식은 단 2년 만에 6달러 75센트에서 60달러로 폭등했다.

The company's stock price surged from

$6.75 to $60 in only two years.

six seventy-five　　sixty dollars
six dollars and seventy-five cents

달러 기호($) 뒤에 '몇 달러 몇 센트'라는 금액을 같이 적을 때는 소수점을 사용해 표기한다. 예를 들어 '6달러 75센트'는 $6.75라고 표기하고 six dollars and seventy-five cents라고 읽는 것이 정석이다. 이때 dollar와 cent 사이에는 반드시 and를 넣어서 읽는다. 일상생활에서는 이를 간단히 줄여서 six seventy-five 라고 숫자만 읽기도 한다.

참고로 $675는 six hundred seventy-five dollars라고 읽는데, 이때는 중간에 and가 들어가지 않는다. $675는 약식으로 six seventy-five라고 읽기도 하는데, 그러면 $6.75와 똑같아 헷갈릴 수도 있다. 따라서 맥락상 분명하지 않을 때에는 정식으로 dollar와 cent를 넣어 읽는 것이 좋다.

$9.50　　nine dollars and fifty cents / nine fifty
$5.25　　five dollars and twenty-five cents / five twenty-five
$3.05　　three dollars and five cents / three oh five
　　　　　▶ dollar와 cent를 생략할 때, 10센트 이하에는 반드시 oh를 넣어서 말한다.

이런 표현은
NO!

The stock price of the company went up from $6.75 to $60 in only two years.

went up은 '상승했다'를 뜻하므로 '폭등했다'를 나타내기에는 의미가 좀 약하다. 대신 surged / soared / skyrocketed / jumped를 사용하는 것이 좋다.

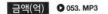

그 회사의 시가 총액은 현재 6,450억 원이다.

The market capitalization of the company is currently ~~₩645 billion~~.

six hundred forty-five billion won

PLUS+ The current market cap of the company is 645 billion won.

영어로 '억'은 별도의 단어가 따로 없고 '백만(million)', '십억(billion)'을 뜻하는 단어만 있어서 한국인 관점에서는 많이 헷갈릴 수 있다. '억'은 hundred million 인데, 예를 들어 '5억 원'은 five hundred million won이라고 한다.

십억 이상의 금액은 billion(십억)을 활용해 말한다. '6,450억 원'은 645 billion won이라고 쓰고, six hundred forty-five billion won이라고 읽는다. 이처럼 십억 이상의 큰 금액을 표기할 때는 아래처럼 소수점과 billion을 활용할 수 있으므로 읽는 법을 잘 익혀 두자.

23억 달러	**$2.3 billion** [two point three billion dollars][1]
523억 달러	**$52.3 billion** [fifty-two point three billion dollars]
1,523억 달러	**$152.3 billion** [one hundred fifty-two point three billion dollars]

 이런 표현은
NO! The company's current market price is 645 billion wons.

기업의 '시가 총액'은 market price가 아니라 market capitalization / market cap / market value라고 한다. 또한 won은 단수형과 복수형이 동일하므로 '6,450억 원'은 645 billion won이라고 해야 한다.

 금액(조) ▶ 054. MP3

미국 대통령은 2조 달러 규모의 경기 부양책에 서명했다.

The U.S. president signed a $2 trillion
two-trillion-dollar
relief package.

영어로 '조'는 trillion이라고 한다. '2조 달러'는 $2 trillion이라고 적고, two trillion dollars라고 읽는다. '2조 달러 규모의 경기 부양책'은 $2 trillion relief package라고 하는데, 여기서는 dollar가 형용사적 용법으로 쓰였으므로 단수형을 써서 two-trillion-dollar relief package라고 읽어야 한다.

참고로 원화로는 '조' 단위를 흔히 사용하지만, 1조 달러는 1,000조 원이 넘는 큰 액수다 보니 달러로 '조' 단위를 쓸 일은 많이 없다. 2021년 기준으로 미국 GDP가 약 23조 달러, 세계 1등 기업 애플의 시총이 3조 달러 정도이다. 이런 큰 단위의 금액은 막상 영어로 바꾸기가 쉽지 않으므로, 억부터 조까지 어떻게 나타내는지도 잘 익혀 두자.

7억 달러	**$700 million** [seven hundred million dollars]
70억 달러	**$7 billion** [seven billion dollars]
700억 달러	**$70 billion** [seventy billion dollars]
7,000억 달러	**$700 billion** [seven hundred billion dollars]
7조 달러	**$7 trillion** [seven trillion dollars]

 이런 표현은 **NO!** **The U.S. president signed an economic boost plan which is worthy of $2 trillion.**

'경기 부양책'은 an economic boost plan이 아니라 an economic recovery plan / a stimulus plan / a relief package라고 한다. 또한 worthy of는 비금전적인 의미의 '~할 가치가 있는'이란 뜻이므로 worth로 고쳐야 한다.

83

폐점 세일에서 300달러짜리 롱패딩을 단돈 30달러에 샀다.

I bought a $300 long winter coat for
three-hundred-dollar
only $30 at a going-out-of-business sale.
thirty dollars

'(얼마)짜리 물건'이라고 물건의 가격을 말할 때는 간단하게 〈가격 + 물건〉으로 표현하면 된다. 예를 들어 '20달러짜리 가방'은 a $20 bag, '10달러짜리 책'은 a $10 book이다. 마찬가지로 '300달러짜리 롱패딩'은 a $300 long winter coat라고 한다. 이때 $300는 형용사로서 long winter coat를 수식하고 있으므로 단수형 dollar를 써서 three-hundred-dollar라고 읽는다. 그러나 문장 뒤에 나오는 $30는 단독으로 금액을 뜻하므로 복수형을 써서 thirty dollars로 읽어야 한다.

I got a $100 [one-hundred-dollar] **bag for free.**
난 100달러짜리 가방을 공짜로 얻었다.

A $50 [fifty-dollar] **book is 90% off at the flea market.**
벼룩시장에서 50달러짜리 책이 90% 할인하고 있다.

이런 표현은
NO! **I bought a $300 long padding for only $30 at a going-out-of-business sale.**
'롱패딩'은 콩글리시이다. padding은 외투 안감에 들어간 '충전재'를 뜻한다. '롱패딩'은 long winter coat 또는 full-length winter coat라고 하면 된다.

사과 7개에 만 원입니다.

It's 10,000 won for 7 apples.
ten thousand   seven

PLUS+ 7 apples cost 10,000 won.

dollar, cent와 달리 원화는 단수형과 복수형이 똑같이 won이다. 따라서 '만 원'
은 ten thousand won이라고 한다. 한편 '사과 7개에 만 원'처럼 교환의 의미
를 나타낼 때는 전치사 for를 쓴다. 따라서 '7개에 만 원'은 10,000 won for 7
apples라고 한다. 참고로 '물건을 얼마 주고 사다'라고 할 때도 전치사 for를 써
서 〈buy + 물건 + for + 가격〉 또는 〈pay + 가격 + for + 물건〉으로 표현한다.

I bought my laptop for 1,600 [one thousand six hundred] **dollars.**
I paid 1,600 dollars for my laptop.
노트북을 1,600달러 주고 샀다.

TIP   **다양한 화폐 단위의 복수형**

달러와 센트의 경우 복수형은 dollars, cents로 쓴다. 그러나 won, yen, yuan 같은 화
폐 단위는 단수형과 복수형이 동일하다. 한편 유럽의 화폐 단위인 euro(유로)의 복
수형은 공식적으로는 euro이지만, 유로를 사용하지 않는 영어권 나라 사용자들은
euros라고도 많이 쓴다. 따라서 복수형으로 euro 또는 euros 둘 다 쓸 수 있다.

이런 표현은 **They are 10,000 won with 7 apples.**
NO! 표제문의 주어로는 they가 아니라 the price를 뜻하는 대명사 it을 써야 적절하다. 또한 '교환'을
나타내는 맥락에는 전치사 with가 아니라 for를 써야 한다.

콩나물 2,000원어치를 샀는데 양이 너무 적었다.

I bought ₩2,000 worth of bean sprouts,
two thousand won
but there was too little of an amount in
the bag.

worth는 수량을 모르거나 수량을 세기 힘든 경우, '총 금액이 ~가 되는'이란 뜻으로 쓰인다. 콩나물은 한 개, 두 개씩 낱개로 판매되는 것이 아니라 수백 개가 묶음 단위로 판매되므로, 총 금액을 말할 때는 worth를 사용해 〈가격 + worth of + 물건〉의 형태로 표현한다. '콩나물'은 bean sprouts인데, '콩나물 2,000원어치'는 ₩2,000 worth of bean sprouts라고 한다. 또는 콩나물은 봉지(bag) 단위로 판매하는 것이 일반적이므로 a bag of bean sprouts worth ₩2,000라고 해도 좋다.

곡물의 경우에도 마찬가지로 수량을 셀 수 없으므로 '쌀 2만 원어치'는 ₩20,000 worth of rice라고 한다. 반면에 수박은 한 통 단위로 판매되므로 '2만 원짜리 수박 한 통'은 명사 바로 앞에 가격을 써서 a ₩20,000 watermelon이라고 한다.[2]

이런 표현은
NO! I bought ₩2,000 bean sprouts, and they were too little in the bag.
콩나물을 한 가닥씩 사지는 않으므로 ₩2,000 bean sprouts라고는 할 수 없고 ₩2,000 worth of bean sprouts라고 해야 한다. 또한 too little은 '크기가 작다(tiny)'는 뜻이라 틀렸다. '양이 너무 적다'는 too little of an amount라고 해야 한다.

샐리가 1,000달러 넘는 메신저백을 샀다는 소식 들었어?

Did you hear Sally bought a messenger bag priced at more than $1,000?
one thousand dollars

금액이 '(얼마가) 넘는'은 금액 앞에 more than / higher than / above를 넣으면 된다. 따라서 '1,000달러 넘는 메신저백'은 a messenger bag priced at more than $1,000 또는 a messenger bag that cost more than $1,000라고 할 수 있다. 다만, 샐리의 가방 구입에 대해 뒷담화를 하고 있는 상황이라면 이렇게까지 정확하게 표현하지 않고 '1,000달러짜리 메신저백'을 뜻하는 a $1,000 messenger bag 또는 a messenger bag for $1,000라고 해도 대화 맥락상 큰 문제는 없다.

> **TIP** '메신저백'은 무엇인가?
>
> messenger bag은 '우편집배원들이 들고 다니던 가방'이라는 의미로 이름이 그렇게 붙여졌다. 긴 가방끈(strap)이 달려 있고 어깨에 걸치거나 몸통을 가로질러 걸치는 형태로 착용하는 가방이다. 참고로 착용 방식에 따라 어깨에 걸치는 것은 shoulder bag, 몸통을 가로지는 것은 cross-body bag이라고도 한다.

Did you hear Sally bought a 1,000-dollar-or-more messenger bag?
'1,000달러가 넘는 메신저백'을 직역해 1,000-dollar-or-more messenger bag이라고 하지 않는다. 대신 a messenger bag priced at more than $1,000라고 고치면 알맞은 표현이 된다.

나는 100달러짜리 지폐 한 장을 10달러짜리 지폐 다섯 장과
5달러짜리 지폐 열 장으로 바꿨다.

I exchanged a $100 bill for five $10 bills
hundred-dollar   ten-dollar
and ten $5 bills.
five-dollar

PLUS+   I broke a 100-dollar bill into 5 ten-dollar bills and 10 five-dollar bills.

'지폐'는 bill이라고 한다. '몇 달러짜리 지폐 몇 장'은 〈수량 + 숫자 + dollar +
bill(s)〉 형태로 나타내면 된다. 이때 dollar는 bill(s)를 수식하는 형용사적 용법
으로 쓰였으므로 단수형으로 쓴다. 따라서 a $100 bill은 a hundred-dollar bill
이라고 읽는다. '10달러짜리 지폐 다섯 장'인 five $10 bills는 five ten-dollar
bills, 그리고 '5달러짜리 지폐 열 장'인 ten $5 bills는 ten five-dollar bills라고
읽는다.

TIP   **미국의 고액권 지폐 종류**

미국의 지폐(bill) 종류에는 $1, $2, $5, $10, $20, $50, $100, 이렇게 총 7가지가 있다.
이 중에서 50달러와 100달러짜리 지폐는 위조지폐일 우려도 있고 강도에게 빼앗길
위험도 있나 보니 일반적으로는 잘 사용되지 않는다. 특히 규모가 작은 기계에서는
적은 액수의 상품을 구입하고 100달러짜리 지폐를 내밀면 받지 않는 곳이 상당히 많다.

**I changed 100 dollars with 10-dollar bills 5 sheets, 5-dollar bills
10 sheets.**

'교환'을 표현할 때는 전치사 with가 아니라 for를 쓴다. 또한 bill은 자체로 '지폐'란 뜻이므로 '지
폐 몇 장'을 셀 때 sheet를 쓸 필요가 없다.

원-달러 환율이 달러당 1,100원대로 하락했다.

The won-dollar exchange rate dropped
below ₩1,200 per dollar.
one thousand two hundred won
twelve hundred won

'환율'은 exchange rate라고 하는데, 통화의 상대적 가치를 나타낸다. 원-달러 환율이 1,100원이라는 이야기는 1달러를 1,100원 주고 산다는 의미이다. '1,100 원대로 하락했다'는 '~보다 낮은, ~미만으로'란 뜻의 below를 활용해 dropped below ₩1,200(1,200원 미만으로 떨어졌다)라고 표현하면 된다.

참고로 환율이 1,200원에서 1,100원으로 떨어지면 원화의 상대적 가치가 올라가는 것인데, 이를 appreciation(환율절상)이라고 한다. 동사형은 appreciate인데, 환율이 2.4% 절상되어 1,194.40으로 내려간 경우라면 아래 문장처럼 말할 수 있다.

The South Korean won appreciated **by 2.4%** [two point four percent] **against the U.S. dollar, finishing at 1,194.40** [one thousand one hundred ninety-four point four zero] **a dollar.**
한국 원화가 미국 달러화에 대해 환율이 2.4% 절상되어 1달러당 1,194.40으로 마감했다.

Won-dollar exchange rate went down to 1,100 wons per dollar.
won-dollar exchange rate 앞에는 정관사 the를 반드시 붙여야 한다. 또한 '1,100원대'를 1,100 wons라고 하지 않는다. dollar는 복수형으로 쓸 수 있지만 won / yen / yuan은 단수형 과 복수형이 같다.

난 애플 주식 100주를 5,600달러에 샀다.

I bought <u>100</u> shares of Apple stock for
one hundred

$5,600.
five thousand six hundred dollars
fifty-six hundred dollars

PLUS+ I purchased 100 shares of Apple for $5,600.

주식 '100주'는 100 shares라고 한다. share는 '주식'을 나타내는 단어인데, 반면 stock은 집합적 개념의 '주식'이란 뜻이다. 따라서 '애플 주식'은 Apple stock이라고 한다. 마찬가지로 'IBM 주식'은 IBM stock, '에너지 산업 주식'은 energy stocks, '메타버스 주식'은 metaverse stocks이다. stock은 쉽게 말해 그 주식을 발행한 '회사 그 자체'를 뜻한다고 생각하면 된다.

한편 '얼마에 샀다'라고 할 때는 전치사 for를 쓴다. 따라서 '5,600달러에'는 for $5,600로 나타낼 수 있다. 이때 숫자 5,600은 five thousand six hundred라고 읽는 것이 정석이지만, 일상적인 대화에서는 간단하게 fifty-six hundred라고 말한다. 1,100부터 9,900까지의 숫자는 이렇게 두 가지 방식으로 읽을 수 있으니 함께 익혀 두자.

> 2,400   two thousand four hundred / twenty-four hundred
> 7,500   seven thousand five hundred / seventy-five hundred
> 9,900   nine thousand nine hundred / ninety-nine hundred

이런 표현은 **NO!** I bought 100 stocks of apple for $5,600.
어느 회사의 주식 '한 주', '두 주', '100주'를 말할 때는 stock이 아니라 share를 쓴다. 또한 '애플'은 회사 이름이므로 첫 글자를 대문자로 해서 Apple이라고 써야 한다.

주가가 10달러대로 폭락했다.

The price of the stock plummeted to the teens.

PLUS+ The stock price fell sharply below $20.

평소에 20달러 중반에서 오르락내리락하던 주식이 10달러대로 떨어진 경우, '폭락하다'는 fall sharply / drop sharply라고 하거나 동사 plunge / plummet / dive로 표현할 수 있다. '10달러대로'는 주가가 10~19달러 정도라는 뜻이므로 below $20(20달러 미만으로)라고 표현하는 것이 무난하다. 또는 to the teens라고 해도 된다. teens를 '(13세~19세 사이의) 십대 청소년'이란 뜻으로 주로 알고 있겠지만, '(가격이) 10달러대'를 뜻하기도 하고 '(온도가) 10도대'를 뜻하기도 하는 단어이다.

참고로 주가가 몇 달러로 떨어졌는지 정확한 액수를 말할 때는 close at을 활용할 수 있다. 주식이나 환율이 '(특정 값으로) 마감하다'라는 뜻이다.

> **The price of the stock plummeted by 31%** [thirty-one percent], **closing at $17.85** [seventeen dollars and eighty-five cents].
> 주가가 31% 폭락해 17.85달러로 마감했다.

The stock price dropped to ten dollars or so.
10 dollars or so는 '10달러 내외'라는 뜻이 되므로 표제문과 의미가 달라진다. or so는 '~가량'이란 뜻으로, We plan to stay for a week or so.(우리는 일주일가량 머물 예정이다.), The tickets cost $20 or so.(표 가격은 20달러 정도이다.)처럼 사용한다.

손실 **○** 063. MP3

손실이 최소 5,200만 원 나올 것으로 예상합니다.

We expect a minimum loss of 52 million
fifty-two
won.

PLUS+ We expect a minimum of 52 million won in losses.

'손실 얼마'는 ⟨a loss of + 금액⟩으로 나타낸다. 따라서 '손실 5,200만 원'은 a loss of 52 million won이다. '손실이 최소 5,200만 원'은 a minimum loss of 52 million won이라고 하면 된다. 이것을 풀어서 a loss of 52 million won at minimum이라고 해도 좋다. minimum은 '최소의, 최저의'라는 뜻이며, 반대로 maximum은 '최대의, 최고의'라는 뜻으로 둘 다 숫자와 함께 많이 쓰는 표현이니 잘 익혀 두자.

I need to take medicine for a minimum of three days to get rid of my cold.
감기가 떨어지려면 최소 3일은 약을 먹어야 한다.

You can be fined a maximum of ₩30 million for this violation.
위반 시 최대 3천만 원의 벌금이 부과됩니다.

 NO! **52 million wons of loss is expected even if we make a conservative prediction.**

'손실 5,200만 원'은 a loss of 52 million won이다. 또한 even if는 '설사 ~하더라도'라는 가정의 뜻이므로 아직 예상하지 않았음을 나타낸다. 표제문처럼 '이미 예상해 보았지만'이라는 뜻이 되려면 even though를 써야 한다.

무단횡단을 하다 걸리면 벌금을 90달러 내야 한다.

If you get caught jaywalking, you'll be
fined 90 dollars.
ninety

PLUS+ If you get caught jaywalking, you'll get a $90 ticket.

fine은 동사로는 '벌금을 물리다[부과하다]'란 뜻이다. 이를 활용하여 '벌금을 90
달러 내야 한다'는 〈동사 fine + 대상 + 90 dollars〉라고 표현하거나 수동태로
〈be fined + 90 dollars〉라고 표현할 수 있다.
한편 fine은 명사로는 '벌금'이라는 뜻이다. 따라서 '벌금 90달러'는 a 90 dollar
fine / a fine of 90 dollars / 90 dollars as a fine이라고 할 수도 있다. 또는 '교
통 위반 딱지'를 뜻하는 ticket을 활용해 a 90 dollar ticket 또는 a ticket for 90
dollars라고 해도 좋다.

I was fined $100 for running a red light.
나는 정지 신호 위반으로 벌금을 100달러 냈다.
Any violation of the law can result in a fine of 30 million won or less.
법률 위반 시 3천만 원 이하의 벌금이 부과됩니다.

이런 표현은
NO! **Being caught in illegal crossing, you are supposed to pay 90 dollars of a fine.**

illegal crossing은 '불법적인 국경 통과'를 뜻하므로 적절하지 않다. '무단횡단'은 jaywalking
이다. 또한 '90달러 벌금'은 90 dollars for a fine 또는 a fine of 90 dollars라고 해야 한다.
전치사 for와 of의 쓰임에 주의하자.

겨우 치즈 조금과 포도주 한 잔씩 마셨을 뿐인데 계산서가
97달러 나왔다.

With some cheese and a glass of wine
each, the check came to $97.
ninety-seven dollars

PLUS+ With some cheese and a glass of wine each, they charged us $97.

'계산서'는 영어로 check 또는 bill이라고 한다. 서양에서는 테이블에서 음식값을 계산하는 것이 일반적인데, 식당에서 식사를 끝내고 직원에게 '계산할게요'라고 할 때 Can I have the check? / Can I have the bill?이라고 한다. '계산서가 (얼마) 나오다'라고 할 때는 come to 또는 amount to 뒤에 가격을 쓴다. 또는 '합계가 ~가 되다'라는 뜻의 동사 total을 활용해도 좋다. 또 다른 측면에서 보면, 계산서가 97달러 나와서 이미 돈을 지불한 상황이므로 '97달러를 지불해야 했다'라는 뜻으로 I had to pay $97라고 해도 괜찮다.

참고로 '~했을 뿐인데'는 전치사 with로 간단히 표현할 수 있다. with에는 '~임에도 불구하고, ~이면서도'라는 뜻이 있다.

이런 표현은
NO! **We only had little cheese and a glass of wine each, and I had to pay $97.**
'조금 적은'은 반드시 앞에 부정관사 a를 붙여 a little이라고 해야 한다. '겨우 치즈 조금 먹었다'는 only had a little cheese / only had a little bit of cheese이다.

계산서가 100달러 나와서 팁으로 15달러를 놔두었다.

The bill came to $100, and I left a $15

one hundred dollars   fifteen-dollar

tip.

PLUS+   The bill came to $100, and I left $15 as a tip.

영어로 제품이나 서비스의 가격을 말할 때는 〈금액 + 제품/서비스〉 순서로 말하면 된다. 예를 들어 '1,500달러짜리 드레스'는 a $1,500 dress, '1,000달러짜리 메신저백'은 a $1,000 messenger bag, '120만 원짜리 스마트폰'은 a ₩1,200,000 smartphone이다. 마찬가지로 '팁으로 15달러', 즉 '15달러 팁'은 a $15 tip이라고 하면 된다. 여기서 $15는 tip을 수식하는 형용사로 쓰였으므로 단수형으로 fifteen-dollar라고 읽는다.

> **TIP**   미국의 팁 문화
>
> 미국 식당에서는 담당 서버에게 팁을 준다. 이들은 급여가 매우 적어서, 거의 전적으로 손님이 놓고 가는 팁이 수입의 원천이다. 따라서 식당에 갔는데 팁을 주지 않으면 '인간 말종' 취급을 받는다. 팁은 90년대 말만 해도 음식값의 15% 정도면 무난했지만, 최근에는 서비스 품질과 관계 없이 20%는 줘야 괜찮다고 한다. 미국에서는 외식을 하면 팁을 포함해 상당한 금액이 들기 때문에 특별한 일이 아니면 외식을 하는 일이 드물다.

 이런 표현은

NO!   **The bill came to $100, and I placed $15 for tip.**

동사 place는 '(물건을) ~에 위치시키다, 보관하다'란 뜻이므로 맥락에 맞지 않는다. for tip도 어색한 표현이다. 전치사 for가 아니라 as를 써야 하며, tip은 가산명사이므로 a tip이라고 해야 한다.

드디어 유가가 배럴당 60달러 수준으로 안정되었다.

Finally, oil prices have leveled off at 60 <small>sixty</small> dollars a barrel.

PLUS+ Finally, oil prices have become stable at 60 dollars a barrel.

동사 level은 '(급증·급감 등 출렁거림 없이) 안정된 수준을 유지하다'라는 뜻을 가진다. 다만 뒤에 부사 off를 붙여야만 '위·아래로 출렁거리는 과정을 거쳐 드디어 안정된 수준에 이르렀다'라는 뜻이 추가된다. '(어느 가격 수준으로) 안정되었다'라고 할 때는 가격 앞에 전치사 at을 붙인다.

한편 '유가'는 oil price라고 하는데, 원유 시장에서 석유(oil)는 '배럴(barrel)'이란 단위를 기준으로 삼는다. '배럴당'은 a barrel이라고 하면 된다. 참고로 1배럴은 42갤런, 약 159리터에 해당한다.

Oil prices fell to $90 [ninety dollars] **a barrel.**
유가가 배럴당 90달러로 떨어졌다.
Many experts expect oil prices to surge to $175 [one hundred seventy-five dollars] **a barrel later this year.**
많은 전문가는 유가가 올해 하반기에 배럴당 175달러까지 급등할 거라고 예상한다.

NO! **Finally, the price of oil has stabled at 60 dollars a barrel.**
'유가'는 생산지나 판매지에 따라 다양하므로 복수형으로 oil prices라고 쓴다. 또한 stable은 '안정된'이란 뜻의 형용사이며, 동사는 stabilize라고 써야 맞다. 따라서 이 문장을 Finally, oil prices have stabilized at 60 dollars a barrel.이라고 고치면 맞는 표현이 된다.

난 그 거래에서 12,000달러를 벌었다.

I earned $12,000 from the transaction.
twelve thousand dollars

PLUS+ I have $12,000 in my pocket because of the transaction.

'(얼마)를 벌다'라고 할 때 동사 earn / make를 쓸 수 있다. 따라서 '나는 12,000 달러를 벌었다'는 I earned $12,000 또는 I made $12,000 둘 다 가능하다. 또는 '이익, 수익'을 뜻하는 profit을 활용해서 My profit was $12,000(수익이 12,000달러였다)라고 해도 된다.

참고로 '돈을 벌다', '이익을 보다'는 make money / make a profit라고 하며, 반대로 '돈을 잃다', '손해를 보다'는 lose money / suffer a loss라고 한다.

The retailer hasn't made a profit for a few years because of fierce challenges by online competitors.
온라인 경쟁 업체의 강력한 도전으로 인해 그 회사는 몇 년째 이익을 내지 못하고 있다.

He lost 10,000 [ten thousand] dollars in the stock market this year.
그는 올해 주식에서 만 달러를 손해 봤다.

NO! **I earned $12,000 at the transaction.**
전치사 at은 '장소'를 나타내므로 at the transaction은 '거래 현장에서'라는 뜻이 되어 표제문과 맞지 않는다. '그 거래에서'는 전치사 from 또는 out of를 써서 from the transaction 또는 out of the transaction이라고 해야 한다.

그는 글을 써서 1년에 2만 달러를 번다.

He makes 20,000 dollars a year by
twenty thousand
writing.

PLUS+ His writings earn him 20,000 dollars a year.

'2만 달러를 벌다'는 동사 make나 earn을 사용해 make $20,000 / earn $20,000 라고 한다. '글을 써서'는 by writing / through writing / from writing이라고 하면 된다. 또는 His writings를 주어로 삼아 동사 earn이나 bring을 쓸 수도 있다. 따라서 His writings earn[bring] him $20,000 a year.라고 해도 좋다.

참고로 일상생활에서 '1,000달러'는 grand라고도 하는데, '천'을 뜻하는 kilo의 첫 글자를 써서 대문자 K로 표현하기도 한다. 따라서 $20,000는 20 grand 또는 20K라고도 할 수 있다.

He makes 20 grand a year by writing.
He makes 20K a year by writing.

NO! He earns 20,000 dollars a year for he writes articles.

'글을 써서'라고 할 때 for he writes articles는 잘못된 표현이다. 이때는 〈전치사 + 동명사〉 형태를 써서 〈by / through / from + writing〉이라고 해야 한다.

일상 대화에서 '달러'를
나타내는 영어 표현

일상적인 대화에서는 흔히 '달러'를 dollar 대신 buck이라는 표현으로 말하기도 한다. buck은 '수컷 사슴'을 가리키는 단어인데, 신대륙 정착 초기 때 미국인들이 원주민들과 화폐로 '사슴 가죽(buckskin)'을 쓴 데서 유래한 말이다. 예를 들어 $2,000는 정식으로 읽으면 two thousand dollars이지만, 일상 대화에서는 two thousand bucks라고도 한다.

My bank charged me 20 bucks for credit fraud monitoring.
내 은행은 신용 사기 모니터링 서비스에 20달러를 청구했다.

한편 일상생활에서 '1,000달러(one thousand dollars)'는 grand라고도 한다. 1900년대 초반, 당시에는 엄청나게 큰 돈이었던 1,000달러를 마피아들이 grand라고 부른 데서 유래했다고 한다. 따라서 $2,000는 two grand라고도 한다. 이때 grand는 단수형과 복수형이 같으므로 -s를 붙이지 않는다. '1,000달러'는 또한 '천'을 뜻하는 kilo의 첫 글자 K를 숫자 옆에 붙여 쓰기도 한다. 이때 발음은 알파벳 그대로 [케이]로 읽는다.

He paid 20 grand a semester for 4 years.
그는 4년 동안 한 학기에 2만 달러씩 냈다.

My wife and I make over 250K a year, but we are not well off at all in L.A.
아내와 나는 연간 25만 달러 이상을 벌지만, LA에서는 결코 풍족한 수준이 아니다.

그는 억대 연봉을 받는다.

He makes more than ₩100 million
one hundred million won

a year.

PLUS+ He's earning a six-figure salary.

인플레이션으로 많이 희석되기는 했지만, 여전히 한국의 직장인들에게 '억대 연봉'은 성공을 증명하는 꿈의 급여이다. '억대 연봉'은 문자적으로 보면 '1억원 이상, 9억원 이하 연봉'을 가리키지만, 보통은 1억원을 넘기는 연봉 수준을 가리킨다. 따라서 '억대 연봉'은 more than ₩100 million a year(한 해에 1억 원 이상)라고 표현하면 된다. more than 대신 '~이상'을 뜻하는 higher than / above / over를 활용해도 좋다.

다만 영어에도 이런 로망을 나타내는 좋은 표현이 있다. 억대 연봉은 달러로 따지면 10만 달러 정도인데, 100,000은 6자리 숫자(six-figure)이므로 '억대 연봉'을 a six-figure salary라고 한다. 달러 통화임을 분명히 하려면 He's earning a six-figure salary in dollars.라고 말하면 된다.

He receives a hundreds of million won salary.

hundreds of million won은 '수억 원'이라는 뜻이다. 표제문의 '억대 연봉'이란 의미로 사용하기에는 지나치게 과장된 표현이므로 적절하지 않다.

두바이에 좋은 일자리가 있는데 급여가 세요.

There's a great job opening in Dubai, and the pay is good.

PLUS+ There's a great job opening in Dubai, and the job pays well.

'급여, 월급'은 the pay 또는 the salary라고 한다. '급여가 세다/많다/높다'는 high / good / great를 활용해 표현할 수 있다. 반대로, '급여가 약하다/적다/낮 다'는 low / bad / poor를 활용해 말할 수 있다. 급여가 상상 이상으로 많은 경우에는 amazing / terrific / awesome을 사용한다.

참고로 good에는 '좋다'라는 뜻과 함께 '많다'는 뜻이, bad에는 '나쁘다'라는 뜻과 함께 '적다'는 뜻이 들어 있다. 그래서 a good salary는 '급여가 많다', a bad salary는 '급여가 적다'란 뜻이 된다. 특히 형용사 good은 '상당한 금액/시간/양'을 나타낼 때도 많이 쓰인다. 그래서 the pay is good은 '급여가 상당히 많다'라는 뜻이 된다.

He makes good money.
그는 돈을 잘 번다.
She is making a good deal of money at her new job.
그녀는 새 직장에서 돈을 많이 벌고 있다.

이런 표현은 **NO!** **There's a great job opening in Dubai, and the pay is strong.**
한국어로는 '급여가 세다'라고 표현하지만, 영어로는 급여가 높은 것을 말할 때 형용사 strong을 사용하지 않는다. 대신 good / great / high / decent 같은 형용사를 활용해서 말할 수 있다.

그 아파트는 보증금 천만 원에 월세 50만 원이다.

The rent for the apartment is ₩500,000

five hundred thousand won

per month with a ₩10,000,000 deposit.

ten million won

'월세'는 rent, '보증금'은 deposit이라고 한다. 서양에서는 집세를 월 단위로 내는 것이 아주 일반적이므로 굳이 '월세'를 monthly rent라고 말하지 않아도 된다. 월세기 얼마인지 나타낼 때는 '한 달에 얼마'라는 의미로 〈금액 + per month〉로 말한다. 한편 '보증금 천만 원'은 a ₩10,000,000 deposit이라고 하거나 a deposit of ₩10,000,000이라고 하면 된다.

> **TIP** 비슷해 보이지만 전혀 다른 rent와 rental
>
> rent는 명사로는 '(집이나 방의) 임대료'를 뜻한다. 예를 들어 '집주인이 집세를 올렸다'는 The landlord raised the rent.라고 한다. 반면 rental은 '임대 행위'라는 뜻이다. 예를 들어 '자동차 렌트'는 car rent가 아니라 car rental이라고 한다. '렌터카 회사' 역시 car rent company기 이니라 car rental company 또는 rent-a-car company가 맞는 표현이다. rental에는 '임대물, 임차물'이란 뜻도 있어서 '우리 집은 세 들어 사는 거야'는 My house is a rental.이라고 한다.

이런 표현은
NO!

The apartment's rental is ₩500,000 per month with a deposit of ₩10,000,000.

rental은 '임대 행위'란 뜻이므로 잘못 쓰였다. '(집이나 방의) 임대료, 월세'를 뜻하는 단어는 rent이다.

그 아파트 전세가는 3억 5천만 원이다.

The *jeonse*, or long-term rent with a lump-sum deposit, for the condo is ₩350 million.

three hundred fifty million won

전세 제도는 한국에만 존재하기 때문에 영어에는 해당 표현이 없다. long-term rent with a lump-sum deposit(보증금을 일시불로 지불하는 장기 임대)라고 할 수는 있겠지만, 이렇게 말해도 네이티브는 개념을 정확히 이해하기 힘들다. 따라서 네이티브에게 말할 때는 '전세'를 그대로 음차해 jeonse라고 하고, 이 제도에 대해 아래와 같이 설명을 덧붙이는 것이 좋다.

A tenant will make a lump-sum deposit on the condo at about 70% of its market value instead of paying monthly rent. The landlord will make a profit by reinvesting the deposit.
임차인은 아파트 시가의 70%가량에 해당하는 보증금을 일시불로 지급하고 월세는 내지 않습니다. 집주인은 이 돈을 재투자하여 수익을 얻습니다.

TIP 　　　　　한국의 아파트 vs. 서양의 apartment

우리는 보통 '아파트'를 apartment라고 번역하지만, 실은 개념이 조금 다르다. 서양의 apartment는 기업이 소유 및 관리하며 임차인에게 월세를 받는 비즈니스 수단이다. 반면 condominium(줄여서 condo)는 개인이 소유하는 집으로, 직접 거주할 수도 있고 다른 사람에게 임차를 주는 경우도 있다. 따라서 한국의 '아파트' 개념에는 apartment보다는 condo가 더 정확한 표현이다.

이번 달 가스 요금이 엄청나게 많이 나왔다.

I have a huge gas bill this month.

PLUS+ My gas bill is very high this month.

bill은 '지폐'나 '계산서'라는 뜻 외에도 '고지서, 청구서'란 뜻이 있다. 예를 들어 '가스 요금'은 gas bill, '전화 요금'은 phone bill, '수도 요금'은 water bill이라고 한다. '요금이 많이 나왔다'를 영어로 말할 때 '많이'를 a lot이나 much로만 옮길 필요는 없다. '많이'는 huge / high / big 등으로 옮길 수 있다. 참고로 많은 정도를 넘어서 '터무니없는' 금액이 나온 경우에는 형용사 outrageous / preposterous / ridiculous / astronomical 등을 써서 표현할 수 있다.

The e-commerce company has made a huge amount of money thanks to the COVID-19 pandemic.
그 전자상거래 업체는 코로나19 유행으로 인해 엄청나게 많은 돈을 벌었다.

My phone bill is outrageous almost every month.
전화 요금이 거의 매달 터무니없이 많이 나온다.

Gas fee came out so much this month.
fee는 전문적인 서비스에 대한 '수수료' 또는 조직의 '회비'를 뜻하므로 표제문에는 맞지 않는다. 또한 much는 부정문에서 '많이'를 뜻하는 표현이므로 이렇게 쓸 수 없다. came out도 '(집 바깥으로) 나왔다', '(어떤 결과가) 나왔다'라는 뜻이므로 맥락에 맞지 않는다.

올해는 자동차 보험료를 500달러나 더 내야 했다.

I had to pay an additional 500 dollars for car insurance this year.

five hundred

PLUS+　I had to pay an extra 500 dollars for car insurance this year.

일반적으로 한국어의 〈부사 + 동사〉를 영어로 나타낼 때 〈형용사 + 명사〉 형
식으로 전환하면 자연스럽게 표현할 수 있다. '500달러나 더 냈다'는 '추가적인
500달러를 냈다'는 말이므로 pay an additional 500 dollars라고 하면 된다.
이때 복수형 500 dollars 앞에 부정관사를 꼭 붙여야 하는 것에 주의하자. 형용
사 additional과 함께 쓰여 500 dollars는 '돈 액수'가 아니라 '500 dollars의 보
험료'라는 뜻으로 쓰였기 때문이다. 이런 식으로 복수형 앞에 부정관사 a / an이
오는 경우도 있으니 함께 알아 두자.

> **I had to wait an extra 10 minutes to take the next bus.**
> 나는 다음 버스를 타기 위해 10분을 더 기다려야 했다.
>
> **The laptop lasted an astonishing 6 hours.**
> 그 노트북은 놀랍게도 6시간을 버텼다.

이런 표현은
NO!　**I had to pay the insurance more than 500 dollars than the previous year.**

more than 500 dollars는 '500 달러를 초과해'란 뜻이므로 표제문과는 의미가 다르다. 또한
〈pay + 지급 대상 + 금액〉 형태로 써야 하므로 I had to pay the insurance company 500
dollars more than in the previous year.라고 고쳐야 맞는 문장이 된다.

PART 4

네이티브는
물건을 셀 때
이렇게 말한다

초밥 240개, 피자 3판, 짜장면 8그릇 • 스파게티 두 개 • 치즈 한 덩어리 • 초콜릿 한 박스 • 계란 한 판 • 무 한 단 • 장미 50송이 한 다발 • 식빵 두 개 • 식빵 두 쪽 • 단팥빵 두 개, 크루아상 한 개 • 커피 한 잔 • 커피 다섯 잔째 • 2리터짜리 생수 세 병 • 바나나 세 개, 우유 두 팩 • 레모나 20개 • 라면 두 개 • 라면 수프 한 개 • 담배 두 갑 • 팩주스 20개들이 한 박스 • 머리카락 한 움큼 • 사진 몇 장 • 등산화 한 켤레 • 반바지 몇 벌

그는 초밥 240개, 피자 3판, 짜장면 8그릇을 앉은 자리에서
먹었다.

He finished 240 pieces of sushi, 3 pizzas,
two hundred forty   three
and 8 bowls of black noodles in one
eight
sitting.

영어는 명사를 가산(countable)명사와 불가산(uncountable)명사로 나누는데,
세는 방법과 관련된 문제는 주로 불가산명사와 관련이 있다. sushi(초밥)는 불가
산명사로, 개수를 셀 때는 piece를 쓴다. 따라서 '초밥 240개'는 240 pieces of
sushi라고 한다.
한편 pizza는 가산명사와 불가산명사로 모두 쓰인다. 예를 들어 I'm going to
order pizza.(피자 주문할 거야.)에서는 불가산명사이다. 하지만 숫자 개념이 들어
가 있는 경우에는 There are 12 of us. How many pizzas do we need?(우리 12
명인데 피자가 몇 판 필요하지?)처럼 가산명사로 쓰일 수 있다. '피자 몇 판'처럼 수
량을 세는 경우에도 가산명사에 해당하므로 〈수량 + 명사의 복수형〉으로 말하
면 된다. 따라서 '피자 3판'은 3 pizzas라고 한다.
마지막으로 '짜장면'을 뜻하는 black noodles는 항상 복수형으로 쓰는데, 몇 그
릇인지 셀 때는 bowl을 사용한다. 따라서 '짜장면 8그릇'은 8 bowls of black
noodles라고 한다.

이런 표현은
NO! He had 240 sushies, pizza 3 plates, and black noodles 8 bowls
in one sitting.

sushi를 셀 때는 piece를 쓰며, pizza를 셀 때는 〈수량 + 복수형 pizzas〉 형식으로 나타낸다. 또
한 black noodles(짜장면)는 수를 셀 때 a bowl of 형식을 사용한다.

한국어와 영어의
물건 세는 단위

학교에서 영어의 세는 단위를 배우면서 a cup of coffee(커피 한 잔), a glass of beer(맥주 한 잔), a pair of pants(바지 한 벌), a bottle of water(물 한 병) 같은 표현을 달달 외운 기억이 있을 것이다. 이런 경험 때문에 영어에는 세는 단위가 아주 발달되어 있다고 생각하는 사람도 많을지 모르겠다. 하지만 실제로는 한국어의 명사들이 거의 대부분 세는 단위인 '수분류사'[1]와 함께 사용되는 반면, 영어 명사는 예외적으로 세는 단위를 사용한다.

예를 들어 한국어에서는 '강아지 두 마리', '연필 두 자루', '자동차 세 대'에서 보듯 '마리', '자루', '대'라는 세는 단위를 사용한다. 하지만 영어에서는 세는 단위 없이 복수형을 써서 two dogs, two pencils, three cars처럼 나타낸다. 영어에서는 일반적으로 명사의 복수형이 곧바로 이런 세는 단위 개념을 포함하고 있는 것이다. He wrote five books.(그는 책을 다섯 권 썼다.), I decided to adopt another dog.(난 개를 한 마리 더 입양하기로 했다.)를 보더라도 한국어는 '권', '마리'처럼 수분류사가 발달되어 있는 데 반해, 영어는 이런 표현이 제한적으로 쓰이는 것을 알 수 있다.

영어에서 세는 단위를 명시적으로 표현하는 대부분의 경우는 불가산명사인 물질명사와 추상명사이다. 이 경우에는 cup / glass / pair / piece 등의 단위로 수량을 표시한다. 물론 가산명사도 특별한 단위를 표현할 때는 세는 단위를 사용한다. 예를 들어 pencil(연필)과 egg(달걀)은 가산명사지만, a dozen of pencils(연필 한 다스), a carton of eggs(달걀 한 상자)처럼 세는 단위와 결합해 쓸 수도 있다.

언뜻 간단하게 보이지만 어떤 단어가 가산명사이고 불가산명사인지 우리 같은 비네이티브는 잘 알 수가 없고, 각 명사가 어떤 세는 단위와 습관적으로 결합하는지도 알기 힘들다. 따라서 영어로 유창하게 말하기 위해서는 각 단어와 함께 자주 사용하는 세는 단위를 묶어서 익혀 두어야 한다.

스파게티 두 개 **주문할까?**

How about two plates of spaghetti?

PLUS+ How about two orders of spaghetti?

spaghetti(스파게티)는 불가산명사라서, 수량을 셀 때는 plate를 사용한다. plate 는 '납작하고 둥근 접시'를 가리키는 단어인데, 이런 형태의 접시에 담긴 '(요리) 한 개, 한 접시'를 나타낼 때 a plate of를 쓴다. 따라서 '스파게티 두 개', '스파게 티 두 접시'는 two plates of spaghetti라고 한다. 한편 '스파게티 두 개 주문'은 two orders of spaghetti라고 해도 좋다. order는 동사로는 '주문하다'라는 뜻이 지만, 명사로는 '주문한 음식'을 뜻한다.

참고로 bowl은 '우묵한 그릇, 사발, 공기'를 뜻하는데, 이런 그릇에 담긴 요리 는 수량을 셀 때 a bowl of를 사용한다. 예를 들어 '샐러드 한 그릇'은 a bowl of salad, '밥 한 공기'는 a bowl of rice라고 한다.

이런 표현은
NO! **Let's order two spaghettis.**
spaghetti는 불가산명사이므로 복수형 spaghettis로는 쓸 수 없다. 수량을 셀 때는 a plate of 나 an order of를 활용해 말해야 한다.

나는 치즈 한 덩어리를 마트에서 구입했다.

I bought a wheel of cheese from the grocery store.

PLUS+ I bought a wheel of cheese from the store.

cheese(치즈)는 여러 가지 모양으로 판매되는데, 모양에 따라 세는 단위가 달라진다. 케이크처럼 둥근 모양의 치즈 덩어리는 a wheel of cheese라고 하는데, 이 둥근 덩어리를 나눈 한 조각을 a piece of cheese 또는 a wedge of cheese라고 한다. 한편 직사각형의 블록 모양으로 생긴 치즈는 a block of cheese라고 하는데, 이것을 얇게 잘라내면 a slice of cheese, 덩어리로 자르면 a chunk of cheese가 된다. 우리가 흔히 빵에 끼워 먹는 얇고 넓적한 '치즈 한 장'이 a slice of cheese이다.

I placed a slice of cheese between the bread.
난 치즈 한 장을 빵 사이에 끼웠다.
She unwrapped a wedge of cheese and took a bite.
그녀는 치즈 한 조각의 포장을 뜯어서 한 입 먹었다.

이런 표현은
NO! **I bought a piece of cheese from the mart.**
a piece of cheese는 '치즈 한 조각'을 뜻하므로 틀렸다. 또한 mart는 Walmart처럼 가게 이름에 제한적으로 쓰일 뿐, 한국의 '마트'는 market 또는 (grocery) store이다. 또는 Kroger처럼 아예 마트 이름으로 말하는 것이 일반적이다.

개는 초콜릿 한 박스 정도는 앉은 자리에서 그냥 먹을 수 있어.

She can easily eat a box of chocolates without stopping.

PLUS+ She can easily go through a box of chocolates in one sitting.

chocolate은 담는 용기 종류와 모양에 따라 다양한 세는 단위를 사용할 수 있다. 이때 단수, 복수 형태에 주의해야 한다. 상자에 담긴 '초콜릿 한 박스'는 a box of chocolates(복수형), 통에 담긴 '초콜릿 한 통'은 a jar of chocolates(복수형)이다. 그러나 '가나 초콜릿'처럼 길쭉하고 네모난 막대 모양의 '초콜릿 한 개'는 a bar of chocolate(단수형)이라고 한다.

chocolate은 '초콜릿'이라는 음식 종류를 뜻할 때는 불가산명사지만, 박스나 통 속에 개별로 포장된 하나하나의 초콜릿을 뜻할 때는 가산명사와 불가산명사로 모두 쓰인다. 따라서 박스나 통에 든 '초콜릿 두 개'는 two chocolates라고 해도 되고 two pieces of chocolate이라고 해도 된다. 단, 막대 모양의 초콜릿을 자른 조각은 불가산명사로 취급한다. 이때는 '초콜릿 한 개/두 개'를 one chocolate / two chocolates라고 하지 않고 a piece of chocolate / two pieces of chocolate 이라고 말한다.

She can easily eat a chocolate box on the spot.

chocolate box는 '초콜릿 통(container)' 자체를 뜻하므로 통을 먹는다는 말이 되어 어색하다. 또한 on the spot은 '(어떤 사건이 일어나고 있는) 그 현장에서' 또는 '즉시'란 뜻이므로 맥락에 맞지 않는다.

계란 한 판에 얼마예요?

How much does a tray of 30 eggs cost?
thirty

PLUS+　How much do two and a half dozen eggs cost?

'계란 한 판'은 a tray of eggs라고 한다. 계란 한 판에는 보통 계란 30~36개 정도가 포장되어 있는데, 나라마다 포장된 개수가 다르므로 a tray of 30 eggs처럼 숫자를 명기하면 뜻이 더욱 분명해진다. 또는 two and a half dozen eggs라고 해도 좋다. dozen은 '12개짜리 묶음'을 뜻하는데, two and a half dozen은 12의 2.5배인 '30개'를 뜻하기 때문이다.[2]

참고로 계란이 10개 정도 들어 있는 '계란 한 판'은 a carton of eggs라고 한다. carton은 음식이나 음료를 담는 '종이 팩'을 뜻하는 단어로, carton에는 계란 10~12개 정도가 들어간다. 구체적인 개수를 말하고 싶을 때는 a carton of 10 eggs처럼 명사 앞에 수량을 넣으면 된다.

A carton of 10 eggs costs $3.18 [three dollars and eighteen cents] at the store.
계란 10구짜리 한 판이 마트에서 3달러 18센트에 판매되고 있다.

How much is a plate of eggs?

계란의 '판'을 plate라고는 하지 않는다. plate는 a plate of spaghetti(스파게티 한 접시)처럼 접시에 담긴 음식의 수량을 셀 때 사용하는 단어이다.

무 한 단에 얼마예요?

How much does a bundle of radishes cost?

PLUS+ How much is a bundle of radishes?

'무'를 뜻하는 radish는 가산명사이다. 따라서 '무 한 개'는 one radish, '무 두 개' 는 two radishes이다. 묶음 단위인 '무 한 단'은 a bundle of radishes라고 하는 데, 가산명사이므로 복수형 radishes로 써야 한다. bundle은 '묶음, 다발'이라는 뜻인데, 마찬가지로 '파 한 단'은 a bundle of green onions라고 한다. '시금치 한 단'은 a bundle of spinach라고 하는데, spinach는 불가산명사라서 복수형으로 쓰지 않는다.

참고로 '마늘'을 나타내는 garlic은 radish나 green onion과 달리 불가산명사이 다. 개수를 셀 때 '마늘 한 통'은 bulb, '마늘 한 쪽'은 clove를 사용한다. 예를 들어 마늘 백 개를 묶은 단위인 '마늘 한 접'은 a hundred bulbs of garlic, '마늘 한 쪽'은 a clove of garlic이라고 한다.

NO! **How much is a bunch of radish?**
무의 묶음을 셀 때는 a bundle of를 사용한다. a bunch of는 포도나 바나나처럼 송이 형태의 과일을 셀 때 주로 쓰인다. 비격식적 대화에서는 '많은(a lot of)'이란 뜻으로도 사용된다. 예를 들어 There are a bunch of people outside.(바깥에 사람들이 많이 있다.)처럼 쓴다.

어머니를 위해 빨간 장미 50송이 한 다발을 준비했다.

I got a bouquet of 50 red roses for my mother.

fifty

PLUS+ I bought a bunch of 50 red roses for my mother.

rose(장미)는 가산명사이다. 가산명사의 수량을 말할 때는 〈수량 + 명사의 복수형〉으로 나타낸다. 따라서 '빨간 장미 50송이'는 50 red roses라고 하면 된다. 한편 꽃의 '한 다발'은 a bunch of나 a bouquet of로 나타낸다. 따라서 '빨간 장미 50송이 한 다발'은 a bunch[bouquet] of 50 red roses라고 한다. bouquet는 '꽃다발'이라는 뜻이고, a bunch of는 과일의 송이나 사람의 무리를 나타낼 때도 다양하게 사용된다.

a bunch of bananas 바나나 한 송이
a bunch of grapes 포도 한 송이
a bunch of people 사람들 여러 명
a bunch of documents 서류 한 묶음

I prepared 50 pieces of red rose for a bunch for my girlfriend.
위 문장에서 '준비했다'는 '샀다'라는 의미이므로 prepared가 아니라 bought / got을 써야 자연스럽다. 참고로 자기가 직접 장미를 골라 꽃다발을 만든 경우라면 put together 또는 selected를 쓸 수 있다.

식빵 두 개를 샀다.

I bought two loaves of sliced bread.

PLUS+ I bought two bags of Wonder bread.

일정한 두께로 얇게 잘려 봉지에 담겨 있는 형태의 '식빵'을 보통 sliced bread라고 한다. sandwich bread / white bread라고도 하며, 제품 이름이자 식빵의 대명사처럼 사용되는 Wonder bread라고도 한다.

'빵'을 뜻하는 bread는 불가산명사이다. 식빵 같은 빵의 덩어리를 셀 때는 a loaf of를 사용하는데, loaf의 복수형은 loaves이다. 따라서 빵 여러 개는 〈수량 + loaves of + 명사〉 형태로 나타내며, '식빵 두 개'는 two loaves of sliced bread 라고 하면 된다. 식빵은 봉지(bag)에 넣은 형태로 판매되므로 '식빵 두 개'는 two bags of sliced bread도 가능하다.

The clam chowder is served in a small loaf of homemade bread.
클램 차우더(조개 수프)는 집에서 직접 만든 작은 빵 속에 담겨 나온다.
Jesus fed 5,000 people with two loaves of bread and five fish.
예수는 빵 두 개, 물고기 다섯 마리로 5천 명을 먹였다.

NO! **I bought two milk breads.**
한국에서는 일반 식빵을 나타낼 때 '우유 식빵'이라는 말도 많이 쓰지만, 영어에 milk bread라는 단어는 없다. 또한 bread는 불가산명사이므로 복수형 breads라고 쓸 수도 없다.

'식빵'을 나타내는
영어 단어

과거에는 빵을 덩어리째 판매했기 때문에, 구매자가 직접 잘라 먹어야만 했다. 그러다가 1920년대, 미국에서 식빵 커터기(bread slicer machine)가 발명되면서 오늘날 우리가 먹는 일정한 두께로 얇게 잘라 놓은 sliced bread가 일반적인 식빵의 형태가 되었다. 이 발명이 미국 가정에 미친 영향이 얼마나 대단했었는지, '기똥차게 좋은 것(발명품, 신기술)', '끝내주게 좋은 것'을 흔히 영어로 the best[greatest] thing since sliced bread(얇게 썬 빵 이후로 최고의 것)이라고 표현한다.

Wireless Internet access is the greatest thing since sliced bread.
무선 인터넷은 정말 기똥찬 발명품이다.

그리고 이 식빵 커터기가 나오자마자 어느 빵 제조회사에서 이 기계를 활용해서 식빵을 내놓았는데, 그 식빵 이름이 바로 Wonder bread이다. Wonder bread는 한때 '식빵'을 나타내는 보통명사처럼 사용될 정도로 큰 인기를 누렸다. 다만 지금은 여러 브랜드에서 출시하고 있는 고품질 식빵에 밀려 다소 싸구려 식빵으로 인식되고 있다.

나는 식빵 두 쪽을 노릇노릇하게 구웠다.

I lightly toasted two slices of white bread.

PLUS+　I toasted two slices of white bread until they turned light brown.

a slice of melon(멜론 한 조각), a slice of sashimi(생선회 한 점)에서 보듯, 명사 slice는 '얇게 썬 조각'을 나타내는 표현이다. '피자 한 조각'도 a slice of pizza라고 한다. 마찬가지로 '식빵 한 쪽'은 a slice of white bread라고 하는데, '식빵 두 쪽'은 복수형을 써서 two slices of white bread라고 하면 된다. 참고로 '식빵 반 쪽'은 half a slice of white bread, '토스트 2/3쪽'은 two-thirds slices of toast라고 한다.

I had only one and two-thirds slices of toast.
나는 딱 토스트 한 개와 2/3쪽만 먹었다.

Three slices of pizza and a salad cost $6.45 [six dollars and forty-five cents].
피자 세 조각에 샐러드 한 개가 6달러 45센트이다.

Two or three slices of pizza for dinner won't hurt your diet.
저녁으로 피자 두세 조각 먹는다고 다이어트에 문제되지는 않을 거야.

이런 표현은
NO!　**I baked two pieces of toast bread well done.**
동사 bake는 '(빵을 만들기 위해) 오븐에 굽다'란 뜻이다. 위 문장에서 '굽다'는 '(빵에) 열을 가해 노르스름하게 굽다'란 의미의 동사 toast로 표현하는 것이 적절하다. 참고로 그렇게 구운 빵도 toast라고 한다.

개한테 단팥빵 두 개와 크루아상 한 개를 사다 줬다.

I got him two red bean buns and a croissant.

PLUS+ I bought him two red bean buns and a croissant.

'빵'을 뜻하는 bread는 불가산명사지만, 빵의 종류를 나타내는 개별 단어는 가산 명사인 경우가 많다. 크림빵이나 단팥빵처럼 작고 동글동글한 빵을 bun이라고 하는데 가산명사이다. '단팥빵'은 red bean bun으로, '단팥빵 두 개'는 two red bean buns이다. croissant(크루아상)도 가산명사이므로 '크루아상 한 개'는 부정 관사를 붙여 a croissant라고 한다.

참고로 빵의 종류인 bagel(베이글), baguette(바게트), roll(롤빵)도 가산명사이다. 여러 개의 수량을 나타낼 때는 two bagels(베이글 두 개), two baguettes(바게트 두 개), two rolls(롤빵 두 개)처럼 복수형을 써서 말한다. 빵이 담긴 봉지 개수를 셀 때는 bag을 사용한다. 예를 들어 '롤빵 두 봉지'는 two bags of rolls이다.

TIP   프랑스어에서 온 '크루아상'

croissant는 아침식사로 주로 먹는 작은 초승달(crescent) 모양의 빵을 가리킨다. '초승달'을 뜻하는 프랑스어에서 온 빵 이름인데, 영어로는 '크루아상'이 아니라 [krwɑ:'sɑ:nt 크라산트] 또는 [krə'sɑ:nt 크러산트]처럼 발음한다.

이런 표현은 **I got him two red bean bun and croissant.**
NO! bun과 croissant는 둘 다 가산명사이므로, 수량을 셀 때는 복수형으로 쓰거나 앞에 부정관사 a를 붙여야 한다. 따라서 two red bean buns and a croissant라고 해야 한다.

커피 한 잔 **주실래요?**

Can I get a cup of coffee?

PLUS+ Can I have a cup of coffee?

커피나 물 같은 '(음료) 한 잔'은 a cup of나 a glass of로 표현할 수 있다. '컵, 잔'은 cup 또는 glass라고 한다. cup은 범위가 아주 넓은데 물, 주스, 커피를 마시는 용기를 지칭할 때 사용한다. 한편 손잡이가 없는 컵 중에서 유리로 만든 것을 glass라고 한다.[3] '(뜨거운) 커피 한 잔'의 경우, 커피가 담긴 용기가 컵이든, 유리잔이든 상관 없이 a cup of coffee라고 하며 a glass of coffee라고는 쓰지 않는다. 다만 아이스 커피는 음료 특성상 glass에 주는 경우가 많기 때문에 '아이스 커피 한 잔'은 a cup of iced coffee / a glass of iced coffee를 둘 다 쓸 수 있다.

We talked over a cup of tea after dinner every night.
우린 매일 밤마다 저녁식사 후에 차를 한 잔 마시며 대화를 했다.

Research suggests that drinking an occasional glass of red winc is good for you.
연구에 의하면 가끔씩 레드 와인을 한 잔 마시는 것은 건강에 좋다고 한다.

이런 표현은
NO! **Can I get a mug of coffee?**
설령 '머그잔'에 커피가 담겨 나오는 경우라고 하더라도, 커피를 달라고 할 때 Can I get a mug of coffee?라고는 말하지 않는다. a cup of coffee가 입에 굳어진 관용어구처럼 사용되기 때문이다.

오늘 벌써 커피만 다섯 잔째예요.

This is already my fifth cup of coffee today.

PLUS+ I'm already having a fifth cup of coffee today.

'커피 몇 잔'은 a cup of로 나타내므로 '커피 한 잔'은 a cup of coffee, '커피 두 잔'은 two cups of coffee라고 한다. 예를 들어 '나와서 커피 한 잔 하면서 얘기 좀 할까?'는 Could you come out and talk over a cup of coffee?이다.

하지만 오늘 커피를 '몇 잔째' 마셨다고 할 때는 이렇게 말하지 않고 서수를 활용한다. '오늘 처음 마시는 커피'는 my first cup of coffee today, '오늘 다섯 번째 마시는 커피'는 my fifth cup of coffee today라고 하면 된다. 아예 cup of를 생략하고 간단하게 my fifth coffee today라고만 해도 좋다.

이런 표현은
NO!

This is already the fifth coffee today.

the fifth coffee라고 하면 정확하게 어떤 다섯 번째 커피를 말하는 것인지 분명하지 않으므로 문장이 어색하게 느껴진다. '내가 오늘 마신 다섯 번째 커피'라는 의미로 〈the fifth cup of coffee + I've had today〉처럼 표현하면 자연스러운 문장이 된다.

냉장고에 2리터짜리 생수 세 병이 들어 있었다.

There were three 2L bottles of water in
two-liter
the refrigerator.

PLUS+ | I found three 2L bottles of water in the refrigerator.

'생수 한 병'은 a bottle of water, '생수 세 병'은 three bottles of water이다. '2리터짜리 생수 세 병'은 bottles 앞에 단위를 넣어 three 2L bottles of water라고 하면 된다. 비슷한 예로 '2리터짜리 콜라 세 병'은 three 2L bottles of Coke, '2리터짜리 탄산음료 세 병'은 three 2L bottles of soda라고 한다. 이때 2L는 형용사적 용법으로 쓰였으므로 단수형으로 two-liter라고 읽어야 한다.[4]

참고로 각 명사는 대체로 특정한 수분류사와 결합하는 것이 일반적이지만, 일정한 형태가 없는 물질명사의 경우에는 전달하고자 하는 의도에 따라 다양한 수분류사와 함께 쓰일 수 있다. water 역시 아래와 같은 다양한 표현이 가능하다.

a glass of water 물 한 잔
a bottle of water 물 한 병
a canteen of water (수통 형태의) 물 한 통
three gallons of water 물 3갤런

 이런 표현은
NO! **There were 2L water three bottles in the refrigerator.**
'생수 세 병'은 three bottles of water이며, '2리터짜리 생수 세 병'은 2L를 bottles 앞에 넣은 three 2L bottles of water가 맞는 표현이다.

나는 바나나 세 개와 우유 두 팩을 샀다.

I got three bananas and two cartons of milk.

PLUS+ I purchased three bananas and two cartons of milk.

banana(바나나)는 가산명사이므로, 개수를 셀 때는 〈수량 + 복수형 bananas〉로 나타낸다. 따라서 '바나나 세 개'는 3 bananas가 된다. 참고로 '바나나 한 송이' 는 a bunch of bananas라고 한다.

한편 milk(우유)는 불가산명사인데, 개수를 셀 때는 우유가 담긴 용기를 활용 한다. 우유를 담을 때 쓰는 종이 팩을 한국에서는 '우유 팩'이라 부르는데, 이를 milk pack이라고 하면 안 된다. 정확한 영어 표현은 milk carton이다. '우유 한 팩'은 a carton of milk, '우유 두 팩'은 two cartons of milk라고 한다. 참고로 '(200ml 용량의) 작은 팩'은 small carton이라고 하므로, '(작은 크기의) 우유 두 팩'은 two small cartons of milk라고 말하면 된다.

이런 표현은
NO!
I got three pieces of bananas and two packs of milk.

'바나나 3개'는 pieces of 없이 three bananas라고 해야 한다. 또한 pack은 '묶음, 꾸러미'란 뜻이므로 틀렸다. 예를 들어 '우유 3개들이 한 묶음'은 a pack of 3 cartons of milk, '맥주 6개 들이 한 묶음'은 a pack of 6 beers / a six-pack of beer라고 한다.

한 상자에 레모나 20개가 들어 있다.

There are 20 packets of Lemona in a box.
twenty

PLUS+ There are 20 packets of Lemona in a package.

레모나 여러 개가 들어 있는 '한 상자'는 a box / a package / a pack이라고 한다. 한편 개별 포장된 '레모나 몇 개'는 packet / pack을 써서 표현할 수 있다. 단, package는 큰 포장물을 말하므로 사용할 수 없다. 따라서 '레모나 20개'는 20 packets[packs] of Lemona라고 하면 된다.

참고로 레모나와 비슷한 형태의 맥심이나 카누 같은 인스턴트 커피의 봉지 개수를 셀 때도 packet / pack을 써서 표현할 수 있다. 예를 들어 '카누 5개'는 5 packets[packs] of KANU라고 한다.

Can you get 5 packets of KANU from the box?
상자에서 카누 5개 좀 갖다 줄래?

Get me 5 packets of KANU.[5]
카누 5개만 갖다 줘.

 There are 20 packs in a pack.

NO! pack은 '(레모나) 상자/통'이라는 뜻도 되고 '(레모나) 봉지'라는 뜻도 되지만, 한 문장에서 중복해서 사용하면 어감상 어색하므로 이렇게 말하는 건 피해야 한다.

pack / packet / package는 어떤 점이 다를까?

'상자'를 나타내는 pack / packet / package는 스펠링도 비슷하고, 언뜻 봐서는 의미도 비슷해서 어떤 단어를 써야 할지 감을 잡기 어렵다.

먼저 packet은 1회용 물티슈나 담뱃갑 정도의 작은 사이즈의 물건을 지칭할 때 쓴다. 반면 package는 대체로 큰 포장물을 말하는데, 특히 내부에 개별적인 소형 포장물이 들어 있는 경우에 사용하면 된다. 한편 package에는 '소포'란 뜻도 있으므로, 어떤 포장 형태이든 관계 없이 '소포 형태의 우편물'이란 뜻으로 사용되기도 한다.

There are 45 packets in a box, and I need to take 3 per day for 15 days.
(보약이) 한 박스에 45팩이 들어 있고, 15일 동안 하루 3팩씩 먹어야 한다.

I just bought 20 packages of ramen noodles on sale.
세일 중인 라면 20봉지를 방금 샀다.

pack은 packet과 package의 줄임말이므로, 대부분의 경우에는 packet과 package를 대신해서 사용할 수 있다. 그러나 어떤 경우에는 입에 굳은 표현이라 오로지 pack만 쓰는 경우도 있다. 예를 들어 '담배 한 갑'은 a packet of cigarettes라고 하지 않고 a pack of cigarettes라고 한다. 마찬가지로 '콘돔 한 통'은 a packet of condoms라고 하지 않고 a pack of condoms 또는 a box of condoms라고 한다. '껌 한 통' 역시 a packet of gum이라고는 하지 않고 a pack of gum이라고만 쓴다.

Even a pack of gum costs 1,000 won these days.
이제 껌 한 통도 1,000원 하는 시대예요.

점심으로 라면 두 개를 끓여 먹었다.

I cooked two packages of ramen for lunch.

PLUS+ I ate two bowls of ramen for lunch.

라면의 개수를 셀 때는 package와 pack을 둘 다 쓸 수 있다. package는 약간 큰 포장물을 가리키는데, 특히 포장물 안에 작은 단위의 부속물이 들어 있는 것을 말한다. 라면 봉지 안에는 면, 라면 수프, 소스 등이 함께 들어 있으므로 '라면 한 개'는 a package of ramen이 가장 적절한 표현이다. package의 줄임말인 pack을 써서 a pack of ramen이라고 해도 좋다. 따라서 '라면 두 개'는 two packages[packs] of ramen이다. 참고로 요리된 형태의 '라면 두 개, 라면 두 그릇'은 two bowls of ramen이라고 한다.

> **TIP** '라면'을 네이티브에게 뭐라고 말할까?
> '라면'은 영어로 정확히 말하자면 ramyeon이 맞겠지만, 대부분의 미국인에게는 일본어에서 온 ramen이란 단어가 더 익숙하다. 최근에는 한류에 힘입어 한국 라면에 대한 관심도 크게 늘어났지만, 아직도 많은 미국인들은 일본식 라면만 알고 있다. 참고로 영화 '기생충'에 등장하는 라면 요리 '짜파구리'를 영어로는 ram don이라고 번역했는데, 이는 영어권 관객에게 친숙한 ramen과 udon을 결합한 말이다.

이런 표현은 **NO!** **I boiled two ramens for lunch and ate them.**
한국어 문장의 '끓였다'는 문자적인 의미의 boil(끓이다)보다는 cook(조리하다)을 쓰는 것이 적절하다. 조리를 한 것은 먹기 위한 용도임이 맥락상 분명하므로 ate them도 굳이 쓸 필요가 없다. '라면 두 개'도 two packages of ramen이라고 한다.

수프 한 개면 라면 두 개 끓이고도 남아요.

A packet of seasoning is enough for two packages of ramen.

PLUS+ One seasoning packet is enough for two packs of ramen.

라면의 '수프'는 사실 콩글리시이다. soup은 액체 상태인 것만 가리키는 단어라, 분말 상태의 '라면 수프'를 soup이라고는 할 수 없다. 라면 '수프'에는 여러 가지 양념이 포함되어 있으므로 seasoning 또는 spices라고 하면 된다.

한편 packet은 비닐 포장지에 담긴 얇은 물티슈 정도의 사이즈의 물건을 말하는데, 작은 사이즈의 포장재를 가리키는 말이다. 따라서 라면의 '수프 한 개'는 a packet of seasoning 또는 seasoning packet이라고 표현할 수 있다. packet 대신 축약형 pack을 써도 좋다.

 A packet of soup is enough for two packages of ramen.
NO! 라면의 '수프'는 액체 상태가 아니므로 soup이라고 할 수 없다. seasoning이나 spices로 고쳐야 한다.

그는 지난 20년 동안 하루에 담배 두 갑을 피웠다.

He has been smoking two packs of cigarettes a day for the past 20 years.
twenty

PLUS+ He has been smoking two cigarette packs a day for the past 20 years.

cigarette(담배)은 가산명사인데, 수량을 셀 때 사용하는 표현에는 여러 가지가 있다. 먼저 담배 '개피'의 개수를 셀 때는 〈수량 + 복수형 cigarettes〉 형태로 말하면 된다. 예를 들이 '담배 두 개피', '담배 두 대'는 two cigarettes라고 한다. 한편 담배 개피 여러 개가 든 '갑'은 pack이라고 한다. 따라서 '담배 한 갑'은 a pack of cigarettes, '담배 두 갑'은 two packs of cigarettes이다. 마지막으로 담배 10갑을 묶은 '보루'는 carton이라고 한다. 따라서 '담배 한 보루'는 a carton of cigarettes, '담배 두 보루'는 two cartons of cigarettes이다.

He smoked two cigarettes in a row.
그는 담배 두 대를 연거푸 피웠다.

Two cigarettes are left.
딤배가 두 개피 남았다.

I bought two cartons of cigarettes from the duty-free shop.
나는 면세점에서 담배 두 보루를 구입했다.

이런 표현은
NO! **He has smoked two cigarettes a day in the past 20 years.**
two cigarettes는 '담배 두 개피'를 뜻하므로 틀렸다. 또한 in the past 20 years는 He hasn't smoked in the past 20 years.(그는 지난 20년 동안 담배를 피우지 않았다.)처럼 '과거 20년 동안 담배를 피우지 않았음'을 전제로 하는 '20년 동안'이란 뜻이라 맥락에 맞지 않는다.

사과 팩주스 20개들이 한 박스를 주문했다.

I ordered a pack of 20 apple juice boxes.
twenty

PLUS+ I ordered a 20-pack of apple juice boxes.

종이팩 용기에 담겨 있는 '팩주스'를 영어로는 juice box라고 한다. juice box는 가산명사이므로 '사과 팩주스 20개'는 20 apple juice boxes가 된다. 한편 제품 여러 개가 들어 있는 '박스'는 pack이라고 한다. 따라서 '사과 팩주스 20개들이 한 박스'는 a pack of 20 apple juice boxes 또는 a 20-pack of apple juice boxes 라고 하면 된다.

참고로 200ml 용량의 작은 팩주스는 juice box라고 하지만, 두꺼운 종이로 만든 1리터 이상의 주스 담는 통은 juice carton이라고 하므로 주의하자.

I bought two juice cartons.
I bought two cartons of juice.
(큰 종이팩에 담긴) 주스 두 통을 샀다.

I bought a pack of two juice cartons.
한 팩으로 포장된 주스 두 통을 샀다.

NO! **I ordered a box of 20 apple pack juice.**
'(200ml 용량의) 팩주스'는 pack juice가 아니라 juice box라고 한다. 또한 juice box가 20개 들어 있는 '한 박스'는 a box of가 아니라 a pack of로 표현한다. box는 종이나 플라스틱 등으로 4면을 감싸고 뚜껑이 있는 형태를 말한다. 예를 들어 '초콜릿 한 상자'는 a box of chocolates이다.

오늘 아침에 머리카락이 한 움큼 **빠졌다.**

A fistful of my hair **fell out this morning.**

PLUS+　My hair fell out in fistfuls this morning.

hair는 단위를 나타내는 a strand(한 올), a lock(한 타래), a fistful(한 움큼) 등과 함께 쓰여 다양한 의미를 나타낼 수 있다. '(머리카락) 한 움큼'은 a fistful of 외에도 a lot of / a handful of / a clump of / a chunk of를 사용해 표현할 수 있다. 또는 '(머리카락이) 빠지다'를 뜻하는 fall out 뒤에 in fistfuls / in handfuls / in clumps / in chunks를 넣어서 말해도 된다.

한편 hair는 가산명사와 불가산명사로 모두 쓰인다. '머리카락 한 올, 두 올'처럼 머리카락을 셀 수 있는 상황에서는 가산명사로 쓰여서 a hair / two hairs처럼 쓸 수 있다. 반면 '머리숱, 머리 스타일, (집합적 의미의) 머리털'을 뜻할 때는 불가산명사로 쓰인다.

I found a hair **in the gravy.**
소스에 머리카락이 한 올 들어 있는 걸 발견했다.

He's lost a lot of hair **since last year.**
그는 지난해부터 머리숱이 많이 줄었다.

이런 표현은
NO!　**A fistful of my hairs came out of my head this morning.**
hair는 여기서 집합적인 의미의 '머리털'을 뜻하므로 불가산명사이다. 따라서 단수형 hair로 써야 한다. 또한 come out은 '(어떤 장소)로 나오다' 또는 '(제품이) 출시되다'란 뜻이므로 맥락에 맞지 않는다.

나는 어릴 때 사진 몇 장을 발견했다.

I found some pictures from my childhood.

PLUS+ I found some of my childhood photos.

'사진'을 뜻하는 picture / photo는 둘 다 가산명사이므로, 여러 장을 말할 때는 복수형으로 써야 한다. 예를 들어 '사진 세 장'은 three pictures 또는 three photos라고 한다. '사진 몇 장'은 〈some + 명사〉 또는 〈some of + 명사〉 형태로 표현한다. 따라서 some pictures[photos] 또는 some of pictures[photos]라고 하면 된다.

'어릴 때 (찍은) 사진들'은 pictures[photos] from my childhood라고 하거나 my childhood pictures[photos]라고 표현할 수 있다. 따라서 '어릴 때 (찍은) 사진 몇 장'은 some pictures[photos] from my childhood 또는 some of my childhood pictures[photos]라고 하면 된다.

이런 표현은
NO!

I found some sheets of photos in my childhood.

'사진 몇 장'은 sheets of 없이 some photos라고만 하면 된다. 또한 in my childhood는 '내가 어렸을 때'란 뜻이라서, 이렇게 말하면 내가 사진을 발견한 시점이 어렸을 적이라는 의미가 되므로 틀렸다. 전치사 in 대신 from 또는 of로 고쳐야 한다.

등산화 한 켤레를 180달러에 샀다.

I got a pair of hiking boots for $180.
one hundred eighty dollars

PLUS+ I bought a pair of hiking shoes for $180.

신발, 양말, 장갑, 귀걸이처럼 두 개가 세트를 이루는 '한 쌍'의 물건은 a pair of로 표현한다. 예를 들어 '양말 한 켤레'는 a pair of socks, '장갑 한 켤레'는 a pair of gloves, '귀길이 힌 쌍'은 a pair of carrings이다. '등산화 한 켤레'는 a pair of hiking boots[shoes]라고 한다. 대체로 목이 있는 등산화를 hiking boots라고 하고 목이 없는 다소 경량급 등산화를 hiking shoes라고 하는데, 두 단어 모두 사용 가능하다.
이 밖에도 glasses(안경)이나 scissors(가위)처럼 두 개가 합쳐져 만들어진 물건도 a pair of로 표현한다. 이런 물건들을 대명사로 나타낼 때는 물건이 하나라도 복수형 대명사 they로 표현하므로 주의하자.

a pair of glasses 안경 하나
a pair of scissors 가위 한 자루
a pair of pajamas 잠옷 한 벌

NO! **I got a pair of climbing shoes for $180.**
climbing shoes는 '암벽화'를 말한다. 참고로 mountain climbing은 '암벽 등산'이라는 뜻인데, 우리가 일반적으로 말하는 '등산'은 hiking이라고 한다.

반바지 몇 벌 가지고 가세요.

Take several pairs of shorts with you.

PLUS+　Take some shorts with you.

바지나 하의 종류도 a pair of를 써서 수량을 셀 수 있다. 예를 들어 '반바지 한 벌'은 a pair of shorts라고 한다. '반바지 몇 벌'은 several pairs of shorts라고 하는데, 일상생활에서는 pairs of를 생략하고 some shorts 또는 several shorts 라고도 한다.[6] 다만 구체적인 수량을 세는 경우라면 무조건 pair of를 써야 한다. 예를 들어 '반바지 4벌'은 four shorts라고 하면 안 되고, 무조건 four pairs of shorts라고 해야 한다. a pair of는 주로 하의 종류를 셀 때 많이 쓰는데, 다음 표현도 잘 익혀 두자.

> **a pair of pants** 바지 한 벌
> **a pair of jeans** 청바지 한 벌
> **a pair of leggings** 레깅스 한 벌
> **a pair of stockings** 스타킹 한 벌

이런 표현은 **Go with some shorts.**
NO! go with는 '(다른 사람)과 같이 가다', '(색깔, 모양, 스타일)이 잘 어울리다', '(어떤 의견, 아이디어) 에 따르다' 등의 뜻을 갖고 있다. '가지고 가다'라는 뜻은 없으므로 잘못 쓰였다.

PART 5

네이티브는
시간·기간을
이렇게 말한다

1시 20분 • 3시 10분 전 • 2시 43분에 • 매시 정각과 30분에 • 오전 10시부터 저녁 8시까지 • 3월 9일 • 8월 17일부터 • 2021년 • 2021년 3월 15일 • 90년대생 • 1990년대 초반 • 70대 노인 • 전치 12주 • 기원전 631년 • 17세기 초/중엽 • 연차 21일 • 7월 말, 8월 초 • 내년 1/4분기 • 임신 12주 • 12개월 할부 • 100년 만에 처음 • 만 1년 • 2년 반 • 3박 4일 여행 • 딱 한 달 후에 • 2년 전 • 주 5일 • 주5일 근무제 • 3일 치 약 • 6개월 시한부 • 며칠째 • 며칠 만에 • 몇 년

1시 20분**입니다.**

It's 1:20.
one twenty

PLUS+ It's twenty past one.

시각을 말할 때는 비인칭 주어 it을 쓴다. '몇 시 몇 분'이라는 시각을 말할 때 가장 일반적인 방법은 시와 분을 나타내는 숫자를 차례대로 읽는 것이다. '매시 정각'을 나타낼 때는 숫자 뒤에 o'clock을 붙이지만, '몇 시 몇 분'은 o'clock 없이 숫자만 읽는다. 그러므로 '1시 20분'은 one twenty라고 하면 된다. 한국어에서는 일반적이지 않은 방식이지만 '1시에서 20분 지났음'을 뜻하는 twenty past one 이라고 표현하기도 한다.

참고로 10분 미만의 시각을 읽을 때는 시와 분 사이에 oh를 넣어서 말한다. 예를 들어 '8시 5분'은 eight five라고 하지 않고 eight oh five라고 한다. 다만 five past eight처럼 분을 먼저 말하는 경우에는 oh를 넣지 않는다.

08:05   **It's eight oh five.**
        It's five past eight.
03:10   **It's three ten.**
        It's ten past three.
11:00   **It's eleven o'clock.**

이런 표현은
NO!

It's one hour twenty minutes.
hour는 '시간'이라는 '기간'을 뜻하므로 잘못된 표현이다. '시각'을 나타낼 때는 o'clock을 쓰는데, '매시 정각'만 나타낸다. '몇 시 몇 분'이라고 할 때 o'clock과 minutes를 사용하지는 않는다. 굳이 이 표현을 쓰고 싶다면 It's twenty minutes past one o'clock.이라고 하면 된다.

3시 10분 전입니다.

It's <u>10 to 3</u>.
    ten   three

PLUS+ It's 10 till 3.

'2시 50분'은 시와 분 순서대로 two fifty라고 읽으면 되는데, '3시 10분 전'을 뜻하기도 하므로 10 to 3 또는 10 till 3라고 해도 좋다. '몇 시 몇 분 후'를 나타낼 때는 past, '몇 시 몇 분 전'을 나타낼 때는 to나 till을 써서 나타낸다. 이때 '15분'은 quarter, '30분'은 half를 사용해서 말하는 경우가 많다. 예를 들어 '5시 30분', 즉 '5시 반'은 five thirty라고도 읽지만 half past 5라고도 한다.

> 09:15 **It's a quarter past nine.**
>   **It's nine fifteen.**
> 03:45 **It's a quarter to four.**
>   **It's three forty-five.**
> 11:30 **It's half past eleven.**
>   **It's eleven thirty.**

이런 표현은
NO! **It's 3 o'clock, 10 minutes before.**
'3시 10분 전'이라고 할 때 전치사 before를 쓰면 안 된다. to나 till을 써서 It's 10 to 3. 또는 It's 10 till 3.라고 해야 한다.

스페이스X 로켓은 오후 2시 43분에 발사될 것이다.

The SpaceX rocket will be launched
at 2:43 in the afternoon.
two forty-three

PLUS+ The SpaceX rocket will be sent into space at 2:43 in the afternoon.

정확하게 '한 시', '두 시'라는 시각을 말할 때는 one o'clock, two o'clock처럼 숫자 뒤에 o'clock을 쓰지만, '몇 시 몇 분'은 o'clock과 minutes 없이 말한다. 따라서 '2시 43분'은 two forty three라고 한다.

한편 '(시각)에'라고 할 때는 〈전치사 at + 시각〉 형태로 표현한다. 예를 들어 at 2 o'clock(2시에), at noon(정오에), at midnight(자정에)처럼 말한다.

I left work at **10:45** [ten forty-five] **last night.**
어젯밤 10시 45분에 퇴근했다.

I'll pick you up at **4:20** [four twenty].
4시 20분에 데리러 올게.

I saw him at **6:00** [six] **this morning.**
오늘 아침 6시에 그를 봤다.

이런 표현은
NO!

The SpaceX rocket will start off at 2:43 in the afternoon.
동사 start는 '(어떤 일이) 시작되다[시작하다]'라는 뜻이므로 '발사하다'라는 의미로는 쓸 수 없다. start off는 '(말이나 연설을) 시작하다'라는 뜻인데 Let me start off by saying I was wrong.(제가 틀렸다는 말씀 먼저 드리며 이야기를 시작하고자 합니다.)처럼 쓰는 표현이다.

서울역행 직통열차는 매시 정각과 30분에 출발한다.

The express train to Seoul Station leaves at every hour and at <u>30</u> minutes after
thirty
the hour.

'매시 정각에'는 at every hour 또는 on the hour라고 하며, '매시 30분에'는 at 30 minutes after the hour라고 한다. after the hour는 '매시 30분'에서 '매시' 를 뜻하는 표현인데, 없어도 되지만 있으면 뜻이 더 분명해진다. '매시 30분에, 30분마다'는 at every 30 minutes라고 해도 된다. 참고로 위의 문장에서 at 30 minutes의 전치사 at을 생략해서는 안 된다. at every hour and 30 minutes라 고 하면 at every 90 minutes(90분마다)라는 뜻이 되기 때문이다.
참고로 '몇 분 간격으로 출발한다'라고 할 때는 '(시간의) 간격'을 뜻하는 interval 을 활용한다.

The shuttle bus leaves at 10 and 40 minutes every hour.
셔틀버스는 매시 10분과 40분에 출발한다.
The express train departs in 30-minute intervals starting at 6:00 in the morning.
급행 열차는 아침 6시부터 30분 간격으로 출발한다.

이런 표현은 **NO!** **The express train to Seoul Station starts at every o'clock and 30 minute.**
start는 '시작하다, 개시하다'란 뜻이므로 Express train to Seoul Station starts at 6 o'clock in the morning in 30-minute intervals.(서울역행 급행 열차는 오전 6시부터 30분 간격으로 출발한다.)처럼 첫 열차 출발에 대해 말할 때만 쓸 수 있다.

주중에는 오전 10시부터 저녁 8시까지 영업합니다.

It's open from 10 a.m. to 8 p.m. during the week.

ten   eight

PLUS+ It's open from 10 a.m. to 8 p.m. on weekdays.

오전과 오후 시간은 라틴어에서 온 약자를 사용해 간단하게 나타낼 수 있다. 오전은 시간 뒤에 am / a.m. / AM / A.M.을 붙이고, 오후는 pm / p.m. / PM / P.M.을 붙인다. 이 중에서 구두점(.)을 사용한 소문자 a.m.과 p.m.이 가장 일반적이고 격식적인 스타일로 쓰인다. 문장 끝에 올 때는 구두점(.)과 마침표를 중복해서 쓰지 않으니 주의하자.

The appointment is at 7 p.m., not 7 a.m.
그 약속은 아침 7시가 아니라 저녁 7시이다.

참고로 '낮 12시', '밤 12시'는 p.m.과 a.m.을 쓰는 대신, noon(정오, 낮 12시), midnight(자정, 밤 12시)이라고 표현하는 것이 혼란을 방지할 수 있다.

 It's open since 10 a.m. to 8 p.m. during the week.
NO! since는 정기적으로 반복되는 사건에는 사용하지 않으므로 적절하지 않다. It's been open since 10 a.m.(10시부터 영업 중이다.)처럼 개별 사건을 나타낼 때 쓴다.

'주중에/주말에'는
영어로 뭐라고 할까?

'주중에'는 during the week가 가장 일반적인 표현이다. week에는 '일주일'이라는 뜻 외에도 '평일'이란 뜻이 있다. 마찬가지로 weekday도 '평일'이란 뜻이므로 '주중에'를 during weekdays / on weekdays라고 해도 좋다. 다만 during the week라고 하면 '이번 주(this week)'를 뜻하기도 하므로 어떤 맥락에서 쓰였는지 주의가 필요하다. 반면 during weekdays / on weekdays는 '주중마다'를 뜻한다.

I'm going to stay in Seoul during the week.
이번 주에는 서울에 머무를 예정이다.
I'm going to stay in Seoul on weekdays.
(앞으로) 주중에는 서울에 머무를 예정이다.

한편 '주말'은 weekend이다. '주말에'가 '이번 주말에'란 뜻일 경우에는 on the weekend, '주말마다'를 가리키는 경우에는 on weekends를 쓴다.

What did you do on the weekend?
주말에 뭐 했어요?
I went fishing on the weekend.
주말에 낚시를 갔었어요.
I used to go fishing on weekends.
주말마다 낚시를 가곤 했어요.

오늘은 3월 9일이다.

It's March 9.[1]
ninth

PLUS+ Today is March 9th.

날짜를 표기할 때는 〈월 + 일(기수)〉 또는 〈월 + 일(서수)〉로 적는다. 다만 읽을 때는 '일'을 반드시 서수로 말해야 한다. 따라서 '3월 9일'은 March 9 또는 March 9th라고 적되, 말할 때는 무조건 March ninth라고 읽어야 한다. 이때는 서수 앞에 정관사 the를 붙이지 않으므로 주의하자.

참고로 달을 생략하고 날짜만 말할 때는 〈정관사 the + 서수〉로 적고 읽는다. 예를 들어 '오늘은 9일이다'는 It's 9th.가 아니라 날짜에 정관사를 붙여 It's the 9th.라고 해야 한다.

See you on June 15 [fifteenth].
6월 15일에 만나자.

See you on the 15th.
15일에 만나자.

The event was held from July 25 [twenty-fifth] **to August 10** [tenth].
그 행사는 7월 25일부터 8월 10일까지 열렸다.

It was last week, from the 10th to the 12th.
(행사가 개최된 기간은) 지난 주 10일부터 12일까지였다

이런 표현은 **Today is 9th of March.**
NO! '3월 9일'을 of를 써서 나타낼 때는 정관사를 붙여 the 9th of March라고 해야 한다. 참고로 미국의 독립기념일(Independence Day)은 7월 4일인데 이를 July Fourth 또는 the Fourth of July라고도 부른다.

8월 17일부터 입주를 시작했는데, 며칠 후면 완료될 것이다.

Moving in began on the 17th of August
seventeenth
and is scheduled to finish in a few days.

날짜는 〈정관사 the + 일(서수) + of + 달〉로 표현할 수도 있다. '8월 17일'은 the 17th of August / August 17 둘 다 좋다. '8월 17일부터'는 '8월 17일에' 입주를 시작한다는 뜻이므로 전치사 on을 써서 on the 17th of August / on August 17라고 표현하는 것이 가장 자연스럽다. '(특정 날짜)에'는 전치사 on을 써서 나타낸다.

> **TIP**   '며칠 후에'를 영어로는 뭐라고 할까??
>
> '며칠'은 a few days라고 한다. '며칠 후면', '며칠 후에'는 after a few days 또는 in a few days라고 하면 된다. after a few days는 '어느 날짜(어제, 지난주, 8월 17일 등)로부터 며칠 후에', in a few days는 '지금으로부터 며칠 후에'를 뜻한다. 위 문장의 경우에는 맥락상 전치사 after와 in을 둘 다 쓸 수 있다.[2]

Move in is in the process on August 17, and will be finished after a few days.

in the process는 '(어떤 절차가) 진행 중'이라는 뜻이므로 맥락에 맞지 않는다. 예를 들어 '난 비자 신청 절차를 밟고 있다'를 I am in the process of applying for a visa.라고 한다.

그는 2021년에 태어났다.

He was born in 2021.

twenty twenty-one

PLUS+ His birth year is 2021.

영어에서는 숫자를 두 자리씩 끊어 말하는 경우가 많은데, 연도를 말할 때도 마찬가지로 두 자리씩 읽는다. '2021년'은 two thousand twenty-one보다는 두 자리로 끊어서 twenty twenty-one이라고 말하는 것이 일반적이다. 다만 '2000년'이나 '2002년'처럼 이렇게 말하는 것이 어려울 때에는 thousand를 그대로 넣어서 읽는다. 한편 연도가 세 자리 수일 때는 hundred를 넣어서 전체 숫자를 읽어도 되고, hundred를 빼고 읽어도 상관 없다.

685년	six hundred eighty-five / six eighty-five
1600년	sixteen hundred
1856년	eighteen fifty-six
1901년	nineteen oh one
2000년	two thousand
2002년	two thousand two

He is born at 2021.
NO! 출생은 과거에 1회 발생한 사건이므로, 과거시제를 써서 was born이라고 한다. 또한 〈전치사 in + 연도〉 형태로 사용되므로 at 2021이 아니라 in 2021이라고 해야 한다.

그는 2021년 3월 15일에 태어났다.

He was born on 3/15/2021.
March fifteenth, twenty twenty-one

PLUS+ His birthdate is March 15, 2021.

한국에서는 2021.3.15처럼 연도−월−일 순으로 표기하지만, 미국식 날짜 표기법은 월−일−연도 순이다. 따라서 3/15/2021 또는 March 15, 2021이라고 표기하고 March fifteenth, 2021이라고 읽는다.[3] 격식적으로 표기하는 경우에는 '3월 15일'을 the 15th of March라고도 하는데, 이때는 날짜 앞에 정관사 the를 붙이고 날짜를 서수로 표현한다. 한편 연도 '2021년에'를 나타낼 때는 전치사 in을 써서 in 2021이라고 하지만, 연월일 앞에는 전치사 on을 쓰므로 on 3/15/2021이라고 한다.

참고로 미국 서류 양식에서 DOB라고 되어 있는 항목을 자주 볼 수 있는데, 이는 '생년월일'을 뜻하는 date of birth의 약자이다. 이 표현을 활용해 His date of birth is March 15, 2021.이라고 해도 좋다.

 He was born in 2021.3.15.

영어에서는 숫자로 날짜를 표기하는 경우, '월/일/연도' 순인 3/15/2021 형태를 취해야 한다. 또한 〈전치사 on + 날짜〉 형식으로 써야 하므로 전치사 in도 잘못 쓰였다.

그는 90년대생이다.

He was born in the 1990s.
nineteen nineties

PLUS+ He was born during the 90s.

'90년대생이다'는 영어로는 '1990년대에 태어났다'라고 표현하면 된다. '1980년대', '1990년대'처럼 10년 단위의 기간을 말할 때는 〈정관사 the + 연도s〉 형태로 말한다. 따라서 '1980년대'는 the 1980s, '1990년대'는 the 1990s이다. '그는 90년대에 태어났다'는 He was born in the 1990s.인데 in the 1990s는 줄여서 in the 90s라고 해도 된다. (엄밀하게 말하면 1990s의 축약형은 '90s이지만, 일반적인 상황에서는 어퍼스트로피를 생략하고 90s라고만 쓴다.)
참고로 '1800년대', '1900년대'처럼 100년 단위의 기간을 말할 때도 똑같이 〈정관사 the + 연도s〉로 말한다. 예를 들어 '1800년대의 뉴욕시'는 New York City in the 1800s이다.

1800년대에 in the 1800s [eighteen hundreds]
1980년대에 in the 1980s [nineteen eighties]
2000년대에 in the 2000s [two thousands]
2010년대에 in the 2010s [twenty tens]

 He was born in 90s.
NO! '90년대에'는 정관사를 붙여 in the 90s라고 해야 한다. 참고로 10년 단위의 나이를 표현할 때도 숫자의 복수형을 쓰는데, 이때는 앞에 소유격을 붙인다. 예를 들어 '90대 노인'은 an old man in his 90s이다.

우리 아버지는 1990년대 초반에 직장생활을 시작했다.

My father started his career at the beginning of the 1990s.
nineteen nineties

PLUS+ My father began his work life in the early 1990s.

'1990년대'는 the 1990s라고 쓰는 게 정석이지만 축약해서 the 90s라고 해도 좋다. '1990년대 초반'은 the beginning of the 1990s / the early 1990s / the early 90s 모두 가능하다. 참고로 '1990년대 중반'은 the middle of the 1990s / the mid-1990s이며 '1990년대 말'은 the end of the 1990s / the late 1990s라고 하면 된다.

Amazon started out as an online bookstore in the middle of the 1990s.
아마존은 1990년대 중반에 온라인 서점으로 시작되었다.

During the late 1990s **and** early 2000s, **there was huge hype around Internet companies.**
1990년대 말과 2000년대 초에 사람들은 인터넷 기업에 엄청나게 열광했다.

 이런 표현은
NO! **My father started his career at the beginning of 1990s.**
'한 해'의 기간을 나타낼 때는 in 1995처럼 정관사를 쓰지 않지만, '10년 기간', '100년 기간'을 나타낼 때는 in the 1990s, in the 1800s처럼 정관사 the가 반드시 필요하다. 따라서 at the beginning of the 1990s라고 해야 한다.

그들은 70대 노인을 폭행해 전치 12주의 상해를 입혔다.

They hit an old man in his 70s, resulting
seventies
in an injury that lasted 12 weeks.
twelve

'60대', '70대' 같은 사람의 연령대를 말할 때 '70대인'은 〈in + 소유격 + 나이s〉로 표현한다. 따라서 '70대 노인'은 〈an old man + in his 70s〉라고 한다. 마찬가지로 '30대 여성'은 a woman in her 30s, '20대 전과자들'은 ex-convicts in their 20s라고 표현한다. 그때그때 알맞은 소유격을 써야 하므로 주의하자.

> **The couple retired** in their 30s [thirties] **to travel the world.**
> 그 부부는 30대에 은퇴해서 세계 여행을 하고 있다.
> **She is a famous YouTuber who is** in her early 20s [twenties].
> 그녀는 20대 초반의 유명한 유튜버이다.

한편 '전치 12주의 상해'는 an injury that lasted 12 weeks라고 표현한다. 또는 '완전히 회복하는 데 12주가 걸리는 상해'라는 뜻이니까 an injury which will take 12 weeks to heal completely라고 해도 좋다.

NO! **They hit an old man in the 70s, and caused a damage for 12 weeks.**
in the 70s는 '1970년대에'라는 뜻이므로 틀렸다. 사람의 나이 '70대'는 in his 70s라고 한다. 또한 damage는 '손상, 피해, 배상금'이란 뜻이라 맥락에 잘 맞지 않는다. 폭행으로 인한 '상해, 부상'은 injury이다.

그것은 이집트에서 기원전 631년에 발명되었다.

It was invented in Egypt in 631 B.C.

six hundred thirty-one
six thirty-one

'기원전'은 BC 또는 B.C.이며, '기원후'는 AD 또는 A.D.라고 한다. BC는 Before Christ의 약자이고 AD는 라틴어 Anno Domini의 약자인데, 영어로는 in the year of the Lord라는 뜻이다.

연도와 BC / B.C.는 한 칸 띄어서 쓰는데, 예를 들어 '기원전 631년'은 631 BC 또는 631 B.C.처럼 쓴다. '631년'은 six hundred thirty-one으로 읽어도 되고, hundred를 생략하고 six thirty-one으로 읽어도 된다. '기원후 2022년'은 AD 2022 또는 A.D. 2022이다. 전통적으로 BC / B.C.는 숫자 뒤에 오고 AD / A.D.는 숫자 앞에 오는 것이 원칙이지만, 최근에는 AD / A.D.를 숫자 뒤에 넣어 쓰는 경우도 늘고 있다. 물론 AD / A.D.는 꼭 필요한 경우가 아니면 굳이 쓸 필요는 없다.

He was born in 63 B.C.
그는 기원전 63년에 태어났다.

China was ruled by the Han Dynasty from 202 B.C. to A.D. 220.
중국은 기원전 202년부터 기원후 220년까지 한(漢) 왕조가 다스렸다.

이런 표현은
NO!

It was invented during the year of 631 B.C. from Egypt.

from Egypt는 He escaped from Egypt.(그는 이집트에서 탈출했다.)처럼 출처를 뜻하는 '이집트에서'란 뜻이므로 in Egypt로 고쳐야 한다. 한편 '기원전 631년에'는 during[in] the year of 631 B.C.라고 해도 괜찮긴 하지만, 간단히 in 631 B.C.가 더 좋다.

그 영화는 17세기 초가 배경이다.

The movie's background is set in the early 17th century.
seventeenth

PLUS+ The movie is set in the beginning of the 17th century.

백 년의 기간을 나타내는 century(세기)는 날짜와 마찬가지로 서수를 사용해 표현한다. 예를 들어 '17세기'는 the 17th century, '20세기'는 the 20th century라고 한다.

'17세기에'라고 할 때는 전치사 in을 써서 in the 17th century라고 하는데, '몇 세기 초'를 나타낼 때는 서수 앞에 early를 붙이면 된다. 따라서 '17세기 초에'는 in the early 17th century이다. 또는 in the beginning of the 17th century라고 해도 된다. 참고로 '17세기 말에'는 in the late 17th century 또는 at the end of the 17th century라고 한다.

California was identified as a peninsula in the late 17th century.
17세기 말에 캘리포니아가 반도라는 것이 확인되었다.

NO! **The movie's background was for the early years of the 17th century.**
'17세기 초에'는 in the early 17th century라고 한다. 참고로 과거시제 was도 괜찮지만, 영화의 배경이 17세기 초라는 것은 지금 현재도 유효한 사실이므로 현재시제 is를 쓰는 것이 더 좋다.

그 건물은 17세기 중엽에 세워졌다.

The building was built in the mid-17th century.
seventeenth

PLUS+ The building was constructed in the middle of the 17th century.

'몇 세기 중엽/중반'을 나타낼 때에는 서수 앞에 mid-를 붙인다. '17세기 중엽'은 mid-17th century라고 한다. mid-는 '중간의'라는 뜻으로 명사와 결합해 쓰이는 접두사이다. 건물이 세워진 시기가 1640년에서 1660년 정도인 경우 in the mid-17th century(17세기 중엽에)라고 할 수 있다. 한편 in the middle of the 17th century는 이것보다 좁은 구간인 '1650년경'을 뜻하지만, '17세기 중반에'란 뜻으로 큰 문제 없이 사용할 수 있다.

참고로 위 문장의 '세워졌다'는 수동태로 표현하면 되는데, was built / was established / was constructed 모두 쓸 수 있다.

The building was established in the middle 17th century.
NO! middle 17th century 대신 mid-17th century라고 해야 맞다. middle을 형용사로 쓸 수 있는 예를 살펴보면 I'm the middle child out of three.(나는 3형제 중 중간이다.), I'm in the middle class.(나는 중산층이다.) 같은 경우이다.

나는 연차가 21일이다.

I get <u>21</u> days of annual leave.
twenty-one

PLUS+ I'm eligible for 21 days of time off a year.

연차, 휴가 등 기간의 수량을 나타낼 때는 〈기간 + 전치사 of + 대상 명사〉 형식으로 표현하는 것이 일반적이다. '연차'는 annual leave라고 하거나 '휴가'를 뜻하는 time off 뒤에 '연간, 1년당'을 뜻하는 a year를 써서 time off a year라고 한다. 따라서 '21일의 연차'는 21 days of annual leave / 21 days of time off a year라고 하면 된다. 참고로 '오늘 하루 연차 냈다', '오늘 쉬는 날이다'는 I'm off today.라고 하며, '몇 일 연차를 내다'라고 할 때는 〈take + 기간 + off〉 형태로 말한다.

I took two days off.
나는 이틀 연차를 냈다.

> **TIP** **'휴가'를 나타내는 영어 표현**
>
> '휴가'를 뜻하는 명사 leave는 격식적인 표현으로, 주로 법령이나 회사 규정에 의해 주어지는 법령상 휴가를 가리킨다. 예를 들어 annual leave(연간 휴가, 연차), sick leave(병가), maternity leave(산전후 휴가, 출산 휴가) 등이 있다.

이런 표현은
NO!
I have 21 days of holidays a year.
미국식 영어에서 holidays는 독립기념일 같은 '공적 휴무일' 또는 '크리스마스거부터 신년까지 이어지는 휴가 시즌'을 가리킨다. 예를 들어 '크리스마스 연말연시 휴가 때 나한테 와'는 Visit me some time during the holidays.라고 한다.

나는 7월 말이나 8월 초에 여름 휴가를 갈 예정이다.

I'm planning to go on summer vacation at the end of July or at the start of August.

'몇 월 말에'는 〈at the end of + 월〉 또는 〈in late + 월〉로 표현한다. '몇 월 초에'는 〈at the start of + 월〉이나 〈at the beginning of + 월〉 또는 〈in early + 월〉 형태로 쓴다. 따라서 '7월 말이나 8월 초에'는 at the end of July or at the start of August 또는 in late July or early August라고 할 수 있다.

The rainy season continued from late June till early July.
6월 말부터 7월 초까지 장마가 이어졌다.

I'm going to be busy until the end of April.
나는 4월 말까지 바쁠 것이다.

I'm going to visit Jeju Island in early October.
나는 10월 초에 제주도에 갈 것이다.

I'm planning to get a summer vacation in late July or early August.
동사 get을 쓰게 되면 '휴가 신청을 내서 승인을 기다리고 있다'는 뜻이 되므로 어색하다. get 대신 take로 고치면 좋은 문장이 된다.

식당 5만 개가 내년 1/4분기 중에 폐업할 것으로 예상된다.

50,000 restaurants are expected to
fifty thousand
close down in the first quarter next
year.

1년을 넷으로 나눈 3개월의 기간인 '분기'를 영어로는 quarter라고 한다. '몇 분기'라고 할 때는 서수를 사용한다. 1/4분기는 the first quarter, 2/4분기는 the second quarter, 3/4분기는 the third quarter, 4/4분기는 the fourth quarter 이다. 한편 위 문장에서 '1/4분기 중에'는 전치사 within / in / during을 써서 within the first quarter / in the first quarter / during the first quarter라고 하면 된다.

The deal is expected to close within the second quarter **next year.**
그 거래는 내년 2/4분기 내에 완료될 예정이다.

Sales dropped in the third quarter.
3/4분기에 매출이 떨어졌다.

Gas prices rose in the fourth quarter.
4/4분기에 휘발유 가격이 올랐다.

NO! **50,000 restaurants are expected to close by the first quarter next year.**

네이티브는 by the first quarter란 말을 들으면 '1/4분기 시작 전까지', 즉 '금년 12월 31일까지'란 뜻으로 이해한다. by the end of the first quarter라고 고쳐야 맞는 문장이 된다.

그녀는 임신 12주이다.

She is 12 weeks pregnant.
twelve

PLUS+   She has been pregnant for 12 weeks.

pregnant는 '임신한, 임신 중인'을 뜻하는 형용사이다. 임신 기간을 나타낼 때는 이 앞에 기간을 나타내는 표현을 넣어 〈be동사 + 숫자 + weeks / months + pregnant〉 형태로 쓴다. 따라서 '임신 12주이다'는 is 12 weeks pregnant라고 하면 된다. 또는 현재완료형을 써서 〈She has been pregnant + for 12 weeks〉 라고 하거나, 명사 pregnancy(임신)를 사용해 〈She is + 12 weeks + into her pregnancy〉라고 해도 좋다.

My sister is 8 months pregnant, and she has difficulty breathing.
내 여동생은 임신 8개월째라 숨쉬기 힘들어 한다.

She had a miscarriage at 14 weeks.
그녀는 임신 14주에 유산을 했다.

 이런 표현은
NO!   **She had a baby 12 weeks ago.**
이렇게 말하면 '그녀는 12주 전에 아이를 출산했다'라는 전혀 다른 뜻이 된다. have a baby는 '임신하다'가 아니라 '출산하다, 아기를 낳다'라는 뜻이다.

12개월 할부로 해 주세요.

I would like to pay in 12-month
twelve
installments.

PLUS+ I would like to pay with a 12-month installment plan.

매장에서 물건을 살 때 신용카드로 결제하면서 직원에게 '몇 개월 할부로 해 주세요'라고 말할 일이 종종 있다. 이때는 '할부, 할부금'을 뜻하는 단어 installment를 활용한다. '12개월 할부로'는 in 12-month installments 또는 with a 12-month installment plan이라고 한다. 이때 12-month는 형용사적 용법으로 쓰인 것이라 복수형 months로 쓰면 안 된다. 마찬가지로 '36개월 할 부로'는 in 36-month installments 또는 with a 36-month installment plan이 라고 한다.

I bought a smartphone in 36-month installments.
I bought a smartphone with a 36-month installment plan.
난 36개월 할부로 스마트폰을 구입했다.

Please make it 12 monthly payment.
NO! please로 위의 의미를 전달하는 문장을 만들기는 어렵다. I would like to pay ~. 또는 Can I pay ~?로 표현하는 것이 무난하다. 또한 make it은 '해내다, 성공하다'라는 뜻이라 여기에는 맞지 않고, '12개월 할부로'는 in 12-month installments라고 한다.

한국과는 달라도 너무 다른
미국의 신용카드 할부 시스템

마음에 드는 100만 원짜리 겨울 코트 값을 한꺼번에 내기 부담스러울 때, 점원에게 신용카드를 내밀면서 '12개월 할부로 결제해 달라'고 이야기하는 상황이 한국에서는 아주 일반적인 일이다.

그러나 미국에서는 이렇게 할부로 결제하는 것은 가구, 자동차 같은 고가품을 제외하고는 거의 통용되지 않는다. 심지어 이렇게 할부 결제를 이용할 때도 물건을 판매한 가게와 할부 계약을 맺는 것이지, 신용카드 회사와는 아무런 관계가 없다.

미국 신용카드 시스템은 결제 방식부터가 한국과는 상당히 다르다. 미국에서는 자신의 신용카드 회사가 책정한 신용 한도 내에서 물건을 구입한 뒤, 매월 최소한의 금액(minimum payment) 이상만 지불하면 나머지 금액은 이자와 함께 다음 달에 다시 청구되는 시스템이다. 다음 달이 되면 마찬가지로 돈을 다 갚을지, 일부만 갚을지 그때 다시 선택할 수 있다. 한국과는 이렇게 돈을 갚는 시스템은 다르지만, 현실적으로 거의 모든 미국인들이 상당한 수준의 신용카드 채무를 가지고 있다.

이번 폭우는 100년 만에 처음 있는 일이다.

This is the worst rainfall in 100 years.

one hundred

PLUS+ This is the heaviest rainfall that we've had for the past 100 years.

'100년 만에'는 전치사 in을 써서 in 100 years라고 한다. '100년 만에 처음 있는 폭우'는 the worst rainfall in 100 years(100년 만에 최악의 비)라고 하면 되는데, 100년 만에 유례없는 폭우임을 강조하고 싶다면 for the first time(처음으로)을 추가해 the worst rainfall for the first time in 100 years라고 해도 좋다.

참고로 rain은 '비, 빗물', rainfall은 '강우량, 강수량'이란 뜻인데 여기서는 둘 다 사용 가능하다.

I went to Jeju Island for the first time in 10 years.
I hadn't been to Jeju Island in 10 years.
난 10년 만에 처음으로 제주도에 갔다.

I went to the movies for the first time in 6 months.
I hadn't gone to the movies in 6 months.
난 6개월 만에 영화 보러 갔다.

이런 표현은
NO! This heavy rainfall is the first one since 100 years ago.
'100년 만에'는 전치사 in을 써서 in 100 years라고 한다. 따라서 the first one in 100 years 로 고치면 그럭저럭 쓸 만한 문장이 된다.

그는 입사한 지 아직 만 1년도 안 됐다.

A year hasn't even passed since he started working at the company.

PLUS+ He has only been with the company for less than a year.

'만 1년도 안 됐다'는 '1년도 지나지 않았다'라는 의미이므로 A year hasn't even passed라고 표현할 수 있다. 한국어로는 자연스럽지 않지만 위 문장은 '1년보다 적은 기간 동안 이 회사에서 일해 오고 있다'는 뜻이므로 He has only been working with the company for less than a year.라고 옮길 수도 있다. '만 1년도 안 됐음'을 '1년보다 적은 기간 동안'으로 전환해서 for less than a year로 옮기고, 이 기간이 아주 짧은 기간임을 강조하기 위해 부사 only를 앞에 추가한 것이다.

One year didn't pass since he worked at the company.
⟨since + 사건⟩은 '(사건)이 종료된 이래'라는 뜻이므로 이렇게 말하면 '그는 퇴사한 지 1년이 지나지 않았다'라는 전혀 다른 뜻이 된다. 또한 since는 주로 완료 시제와 함께 쓴다.

공사를 끝내는 데 2년 반이 걸렸다.

It took two and a half years to finish the construction.

PLUS+ It took two years and a half for the construction project to end.

'반, 절반'을 나타낼 때는 a half를 사용한다. '2년 반'은 two and a half years라고 해도 되고, a half를 뒤에 넣어 two years and a half라고 해도 된다. 참고로 two and a half는 맥락에 따라 기간뿐 아니라 시간, 나이, 무게 등을 뜻할 수도 있다.

The journey takes two and a half hours.
그 여정은 2시간 30분 걸린다.

My daughter is two and a half years old.
내 딸은 나이가 2살 반이다.

It weighs two and a half pounds.
그건 무게가 2파운드 반이다.

이런 표현은 NO! **The construction took two years and half.**
'2년 반'은 two and a half years 또는 two years and a half라고 고쳐야 바른 문장이 된다. half 앞에는 반드시 부정관사 a가 필요하다.

난 속초로 3박 4일 여행을 다녀왔다.

I went on a 4-day and 3-night trip to Sokcho.
four   three

PLUS+   I went on a trip to Sokcho for 4 days and 3 nights.

'3박 4일 여행'을 영어로 표현할 때는 '박(night)'과 '일(day)'의 순서를 반대로 해서 말한다. 따라서 '3박 4일 여행'은 a 4-day and 3-night trip 또는 a trip for 4 days and 3 nights라고 하면 된다. 이때 4-day와 3-night은 명사 trip을 수식하는 형용사로 쓰인 것이라 하이픈이 붙었다.

다만 4일을 여행한다고 하면 3박을 하는 것이 예외적인 경우를 제외하고는 아주 당연하기 때문에, 굳이 3-night을 언급하지 않고 a 4-day trip이라고만 해도 된다. 따라서 간단하게 I went on a 4-day trip to Sokcho.라고 말해도 좋다.

I went on a 3-day trip to Vietnam.
난 베트남으로 2박 3일 여행을 다녀왔다.

We are going to Hawaii on our honeymoon for 8 days and 7 nights.
우리는 하와이로 7박 8일 신혼여행을 간다.

이런 표현은
NO!   **I went on a 3 nights, 4 days trip to Sokcho and came home.**
'3박 4일 여행'은 a 4-day and 3-night trip이라고 한다. 또한 지금 상대방과 대화하고 있는 상황에서 여행을 다녀온 것이 자명하므로 '다녀왔다'를 굳이 and came home이라고 덧붙일 이유가 없다.

딱 한 달 후에 서비스를 해지하셔도 됩니다.

You can stop the services at any time after a month.

PLUS+ You can cancel the services immediately after one month.

핸드폰을 살 때 할인을 받으려고 부가 서비스를 신청해야 하는 경우가 종종 있는데, 보통 일정 기간 후에 위약금 없이 부가 서비스를 해지할 수 있다. '한 달'은 a month와 one month 둘 다 가능하다. '딱 한 달 후에'는 at any time after a month / just after a month / immediately after a month / after only a month 라고 말하면 된다.
참고로 '(서비스를) 유지하다'를 뜻하는 동사 have / use / keep을 사용해서 〈after having[using/keeping] them + for only one month〉라고 표현해도 좋다.

> **You are supposed to subscribe to additional services to get the discount. However, you can cancel the services after having them for only one month.**
> 할인을 받으시려면 부가 서비스를 이용하셔야 합니다. 하지만 딱 한 달만 서비스를 유지하다가 그 이후에는 해지하셔도 됩니다.

NO! **You can cancel the services while you keep them only one month.**
while은 '~하는 동안에'라는 뜻이므로 의미가 맞지 않는다. while을 after로 고치고 only one month 앞에 전치사 for를 추가하여 after you keep them for only one month라고 해야 맞는 표현이 된다.

나는 2년 전부터 개랑 사귀고 있어.

I have been going out with him for two years.

PLUS+ I started dating him two years ago.

여기서 '2년 전부터'는 의미상 '2년 동안 사귀고 있다'는 뜻이다. '(기간) 동안'은 전치사 for로 나타내므로, '2년 동안'은 for two years라고 한다. go out은 '사귀다'라는 뜻인데, 과거부터 현재까지 사귀고 있음을 나타내려면 현재완료진행 시제 have been going out으로 말한다. 한편 '2년 전부터 사귀고 있다'는 '2년 전에 사귀기 시작했다'라는 의미이므로, 과거시제와 '~전에'를 뜻하는 전치사 ago를 활용해 started dating him two years ago라고 해도 좋다.

참고로 '2년 전부터'를 since two years ago라고 하기 쉬운데 네이티브에게 이렇게 말하면 모두들 고개를 갸우뚱한다.[4] since 다음에는 특정한 날짜/연도/월/시각 또는 날짜를 특정할 만한 사건이 와야 하기 때문이다. 따라서 since를 쓰려면 아래 문장처럼 특정한 시점을 언급해야 한다.

I've been going out with him since May 2020.
나는 2020년 5월부터 개와 사귀고 있다.

NO! **I am dating with him for two years.**
'(누구)와 사귀다'는 〈타동사 date + 목적어〉 형태로 쓰며, 현재진행시제 I am dating은 지금 현재 데이트하고 있다는 뜻이 되므로 틀렸다. 현재완료진행 시제로 써서 I have been dating him for two years.라고 해야 맞는 문장이 된다.

우리 회사는 주 5일 근무한다.

We work 5 days a week at my company.
five

PLUS+ My company has 5 work days a week.

'일주일에 며칠'은 〈숫자 + days + a week〉 형태로 나타낸다. 따라서 '주 5일' 은 5 days a week이며 '주 5일 근무하다'는 work 5 days a week이라고 하면 된 다. 이는 달리 말하면 '일하는 날이 5일이다'라는 말이니까 My company has 5 work[working] days a week.이라고 표현해도 좋다.

The company encourages its employees to work from home for at least 10 days a month.
그 회사는 직원들에게 최소 월 열흘간의 재택근무를 권장하고 있다.

He has been on business trips for a few months a year **throughout his career.**
그는 직장 생활 내내 1년에 두세 달은 출장을 다닌다.

My company works for 5 days a week.
회사가 직접 일을 하는 것은 아니므로 주어가 my company일 때는 works for를 쓸 수 없다.
대신 runs / operates / does business라고 표현하면 된다.

한국은 2004년에 주5일제를 도입했다.

Korea started the 5-day workweek in
five

2004.
two thousand four

PLUS+ Working 5 days a week was introduced in Korea in 2004.

'주5일제', '주5일 근무제'는 the 5-day workweek 또는 working 5 days a week 이라고 한다. workweek은 '주당 근무일 또는 근무 시간(the days or hours that a person spends working during one week)'을 뜻하는 표현이다. '주4 일 근무제'는 the 4-day workweek이라고 하며, '주40시간 근무제'는 40-hour workweek이라고 한다.

Korea started the 40-hour workweek in 2004.
한국은 2004년에 주40시간 근무제를 도입했다.

 이런 표현은

NO! **Five-day workweek was introduced in Korea in 2004.**

five-day workweek 앞에는 부정관사 a 또는 정관사 the가 필요하다. 즉, a five-day workweek 또는 the five-day workweek이라고 해야 한다. work를 생략하고 a five-day week이나 the five-day week이라고 해도 좋다.

의사가 3일 치 약을 처방해 줬다.

The doctor prescribed me 3 days' worth
three
# of medicine.

PLUS+ The doctor gave me a 3-day prescription.

'며칠 치, 며칠 분량'을 나타낼 때는 〈기간's + worth of + 명사〉의 형태로 나타낼 수 있다. 따라서 '3일 치 약', '3일분 약'은 3 days' worth of medicine이라고 한다. 이때 3 days'라고 뒤에 어퍼스트로피(apostrophe)를 붙인 이유는 명사 worth의 특성 때문이다. worth로 특수 명사의 수량, 시간, 가격 등을 나타낼 때에는 〈어퍼스트로피 + s〉 형태를 쓰는데, days의 경우는 복수형이기 때문에 s 없이 뒤에 '만 붙여 days'가 된 것이다. 참고로 일상적인 대화에서는 흔히 〈어퍼스트로피 + s〉를 생략하고 말하기도 한다.

a week's worth of food 일주일 치 음식
a month's worth of medicine 한 달 치 약
a dollar's worth of candy 1달러어치 사탕

NO! **The doctor prescribed me with 3-day drug.**
drug는 '약'이 아니라 코카인 같은 '마약'을 뜻한다. '약'을 가리키는 일반적인 단어는 medicine 이다.

'약'을 나타내는 다양한 영어 표현

'약'은 medicine / medication / drug 같은 다양한 단어로 표현할 수 있는데, 정확한 의미와 쓰임은 조금씩 다르다.

먼저 medicine은 '약'을 뜻하는 가장 일반적인 단어이다. 병원에서 처방해 주는 약은 물론, 약국에서 처방전 없이 살 수 있는 약도 두루 포함하는 단어이다. 참고로 의사의 처방이 필요한 약을 prescription drugs라고 하며, 처방전 없이도 구입할 수 있는 감기약, 해열제, 진통제 등을 over-the-counter(OTC) drugs라고 한다.

medication은 기본적으로는 '약물치료'라는 뜻인데, medicine과 똑같이 '약'이라는 의미로 사용되기도 한다. 다만 medication은 좀 더 중한 질병에 대한 약을 나타낸다.

drug은 코카인, 엑스터시 같은 '마약'을 뜻하는데, 복합명사에서는 medicine과 똑같이 '약'이라는 뜻으로 사용된다. 예를 들어 약과 편의용품을 함께 파는 잡화점을 drug store라고 하고, '제약회사'는 drug[pharmaceutical] company라고 한다. (이때는 medicine store, medicine company라고는 하지 않는다.) '혈압약', '고혈압약'은 high blood pressure drugs / hypertension drugs라고 하는데, 이때는 medicine을 써서 high blood pressure medicine / hypertension medicine이라고도 한다.

You need to take medicine for at least three months.
최소 3개월은 약을 드셔야겠습니다.

I've been on medication for several days.
나는 며칠째 약을 복용하고 있다.

That politician admitted he took drugs.
그 정치인은 마약 복용 사실을 시인했다.

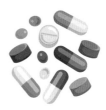

의사가 그에게 6개월 시한부를 선고했다.

The doctor told him he had 6 months to live.

_{six}

PLUS+ The doctor told him he had a 6-month life expectancy.

영어에는 '시한부'에 딱 들어맞는 단어가 없다. 대신 '예상 수명', '기대 수명', '평균 수명'이라는 뜻인 life expectancy를 '시한부 인생'이란 뜻으로 사용할 수 있다. 따라서 '6개월 시한부 인생'은 a 6-month life expectancy라고 한다.

하지만 이렇게 어려운 단어를 쓰지 않아도 〈have + 기간 + to live〉를 사용하면 쉽게 '몇 개월 시한부 인생'을 표현할 수 있다. '6개월의 시한부 인생'은 다시 말해 '살 수 있는 6개월을 가지고 있다'라는 뜻이므로 have 6 months to live라고 하면 된다.

I was told that I had stage 4 cancer and had three months to live.
나는 말기암 4기에 3개월 시한부를 선고받았다.

She only has a few months to live.
그녀는 살 날이 2-3개월밖에 안 남은 시한부이다.

They sentenced him 6 months of time limited life.
'시한부 인생'을 직역한 time limited life는 영어로는 전혀 말이 안 되는 어색한 표현이다. 또한 sentence는 '판사가 (유죄 또는 무죄를) 선고하다'라는 뜻이라서 맥락에 맞지 않는다.

며칠째 잠을 못 잤어요.

I haven't slept for a few days.

PLUS+ I haven't slept in a few days.

'며칠'은 a few days라고 한다. a few는 '몇몇의'라는 뜻으로, 뒤에는 가산명사의 복수형이 온다. 위의 문장에서 '며칠째'는 '며칠 동안'을 뜻하므로 '(기간) 동안'을 뜻하는 전치사 for를 사용해 for a few days라고 하면 된다. '며칠째 잠을 못 잤어요'는 I haven't slept for a few days. 또는 I couldn't sleep for a few days. 둘 다 쓸 수 있다.

in a few days도 '며칠 동안'이란 의미로 쓸 수 있지만 뜻이 약간 다르므로 주의가 필요하다. in a few days에는 미래지향적인 '며칠 후에'라는 뜻도 강하게 들어 있기 때문에 문장 구성이나 형태에 따라 쓸 수 없는 경우도 있다. 예를 들어 I haven't slept in a few days.는 좋지만 I couldn't sleep in a few days.라고는 할 수 없다.

이런 표현은 NO! **I couldn't sleep in a few days.**
in a few days에는 '며칠 후에', '며칠 있다가'라고 하는 미래지향적인 뜻이 아주 강하게 들어 있다. I couldn't sleep은 과거 사건인 반면 in a few days는 미래 시간을 나타내므로 아주 어색한 문장이다.

며칠째 집에 못 들어가고 있습니다.

I haven't gone home for a few days.

PLUS+ I haven't been home for the past few days.

완료 시제는 '일정 기간'과 관련된 사건을 표현할 때 주로 쓴다. 특히 과거부터 현재까지 계속 진행되고 있는 사건의 경우, 현재완료 시제를 써서 표현할 수 있다. 예를 들어 화요일부터 지금 말하고 있는 시점인 목요일까지 집에 들어가지 못한 상황이라면 현재완료 시제를 써서 I haven't gone[been] home for a few days. / I have been away from home for a few days.라고 말할 수 있다. '며칠째'는 for a few days도 좋고, '지난 며칠 동안'이라는 뜻이므로 for the past few days라고 해도 좋다.

이런 표현은 **NO!** **I've been away from home in a few days.**

in a few days는 과거부터 현재 시점까지의 기간 동안 '원하는 사항이 존재하지 않음'을 내포하고 있으므로, 대체로 부정문과 함께 사용된다. 따라서 긍정문에 쓴 위 문장은 어색하다. I haven't gone[been] home in a few days.처럼 써야 한다.

집에 며칠 만에 왔습니다.

I haven't been home in a few days.

PLUS+ I came home after being away for a few days.

'며칠째 집에 못 들어가고 있습니다'를 현재완료 시제 I haven't been home for[in] a few days.로 표현하는데, 재미있게도 정반대의 상황인 '집에 며칠 만에 왔습니다'도 똑같은 문장을 써서 표현할 수 있다.

현재완료 시제는 '과거의 한 시점으로부터 현재 직전까지'의 기간을 대상으로 한다. 따라서 현재완료 시제로 쓴 I haven't been home은 '과거부터 현재 직전까지'는 집에 들어가지 않고 있는 상황을 나타낸다. 말하고 있는 현재까지도 그러한 상황이 그대로 유지되어 집에 못 들어갔을 수도 있고, 현재에는 상황에 변화가 생겨 집에 왔을 수도 있다. 이런 이유로 I haven't been home for[in] a few days.는 '며칠째 집에 못 들어가고 있다'와 '며칠 만에 집에 왔다'를 모두 의미할 수 있다.

이런 표현은
NO! **I came home in a few days.**
앞서 설명한 바와 같이 in a few days는 대체로 긍정문과 함께 쓸 수 없다. 대신 after being away for a few days라고 하거나 after a few days away from home / after a few days of travelling이라고 하면 좋은 표현이 된다.

그는 정년이 몇 년밖에 안 남았다.

There are only a few years left **until his retirement.**

PLUS+ He'll retire in a few years.

'그는 정년이 몇 년밖에 안 남았다'는 부정문이지만, 기간이 짧음을 강조하는 점을 제외하고는 긍정문 '그는 정년이 몇 년 남았다'와 같은 뜻이다. '기간이 얼마 있다'는 There is/are로 표현하면 되고, '몇 년'은 a few years라고 한다. 따라서 There are only a few years left ~로 말할 수 있다. 또는 '그는 몇 년 후에 은퇴할 것이다'로 생각하면 He'll retire in a few years. 역시 가능하다. '그는 은퇴에서 몇 년 떨어져 있다'라고 생각하면 He's a few years away from retirement.라고 해도 좋다. away는 기간 뒤에 오면 '(시간이) ~만큼 남아[떨어져]'란 의미로 쓰인다.

There are only 3 days left **until Christmas.**
크리스마스까지 사흘밖에 안 남았다.
My birthday is only 2 weeks away.
내 생일이 2주밖에 안 남았다.

NO! ### He'll retire a few years after.

a few years after는 '(그 사건) 이후 몇 년 후'를 뜻하므로 맥락에 맞지 않는다. 예를 들어 A few years after graduating, I decided to start a new business.(졸업하고 몇 년 지난 후에 나는 새로운 사업을 시작하기로 했다.)처럼 쓴다. a few years later라고 고쳐야 한다.

 **몇 년 2** ▶ 133. MP3

이 소설은 세종대왕 시대의 마지막 몇 년이 배경이다.

This novel's background is during the last years of King Sejong's reign.

PLUS+ This novel is set during the last years of King Sejong's reign.

'세종대왕 시대'는 '(왕의) 통치 기간'을 뜻하는 reign을 활용해 King Sejong's reign이라고 하면 된다. '마지막 몇 년'은 the last years인데, '세종대왕 시대의 마지막 몇 년'은 이 두 표현을 전치사 of로 연결해 the last years of King Sejong's reign이라고 한다. 이때 '세종대왕'은 King Sejong / King Sejong the Great / Sejong the Great 모두 쓸 수 있다.

참고로 위 문장에서 전치사 during을 사용한 이유는, 소설의 배경이 '세종대왕 시대의 마지막 몇 년' 그 자체가 아니라, 소설의 이야기 전개가 그 기간 동안 일어난 것이기 때문이다. 구어에서는 during을 생략해도 문제없다. 다만 This novel is set during the last years of King Sejong's reign.이라고 할 때에는 전치사 during을 생략할 수 없으므로 주의하자.[5]

 이런 표현은 **NO!** Last several years of the King Sejong's reign is the background of this novel.

last several years 앞에는 정관사 the가 필요하다. 소유격 앞에 정관사를 쓴 the King Sejong's reign도 틀렸다.

PART 6

네이티브는
위치·장소를
이렇게 말한다

삼성아파트 1705동 1904호 • 서초구 신반포로 250 • 우편번호 04031 • 잔다리로 64-1 • 12층 • 백화점 7층 • 지하 1층 • 22층까지 있다 • 지하 4층까지 있다 • 두 층 올라가면 • 네 정거장 • 30번 탑승구 • 18번 승강장 • 강남역 5번 출구 • 사당역 11번 출구 • 1차선 • 6관 상영관 • 10열 중앙 • B1구역 10열 14번 • 두 줄로 • 두 번째 사거리 • 끝에서 두 번째 • 위에서 두 번째 우리 집은 삼성아파트 1705동 1904호입니다.

My home is Samsung Apartment,

Building 1705, unit 1904.

seventeen oh five   nineteen oh four
seventeen hundred five   nineteen hundred four

아파트의 '동'은 Building, '호'는 unit / room / suite로 나타낸다. 네이티브에게 '1705동'은 건물의 이름으로서 일종의 고유명사에 해당하므로, 대문자를 써서 Building 1705라고 한다. 빈면 '1904호'는 각 동의 호수를 지칭하는 것이라 일반명사에 해당하므로, 소문자를 써서 unit 1904 / room 1904 / suite 1904라고 한다.

동·호수를 영어로 읽을 때에는 간단하게 두 자리씩 끊어 읽을 수도 있는데, 이때 중간의 숫자 0은 oh로 읽는다. 1705는 seventeen oh five 또는 seventeen hundred five라고 읽으며, 1904는 nineteen oh four 또는 nineteen hundred four라고 읽으면 된다.

 Our house is Samsung Apartment, Building 1705, unit 1904.

NO! our house는 '나와 네가 함께 거주하고 있는 집'을 뜻하므로 맥락에 맞지 않는다. 내가 살고 있는 '우리 집'은 my home 또는 my place라고 한다.

우리 집 주소는 서울시 서초구 신반포로 250 반포아파트
125동 1501호입니다.

My home address is 250 Sinbanpo-ro,
two fifty
Banpo Apt, Building 125, unit 1501,
one twenty-five   fifteen hundred one
Seocho-gu, Seoul.

영어의 주소 표기 방식은 한국과 정반대이다. 한국에서는 큰 단위인 도와 도시 이름부터 쓰지만 영어로는 작은 단위인 번지 수부터 쓰기 시작해 도로 번지-도로명-도시명-주(state) 순으로 표시한다. 예를 들어 미국 주소는 3030 Oneal Pkwy, Boulder CO 80301 USA처럼 되어 있다. 대부분의 미국인들은 단독 주택에서 살기 때문에, 주소에 이처럼 도로와 번지 수만 써 있는 경우가 많다.

다만 아파트 같은 공동주택의 동·호수를 표기할 때는 도로명 다음에 표기하는 것이 일반적이다. 예를 들어 'R동 21호'를 뜻하는 R21은 3030 Oneal Pkwy, R21, Boulder CO 80301 USA[1]처럼 도로명 뒤에 표기한다. 또는 아예 주소 맨 앞부분에 배치하는 경우도 있다. 이런 방식을 한국 주소 체계에 적용하면 Banpo Apt, Building 125, unit 1501을 도로명인 Sinbanpo-ro 뒤에 넣거나, 또는 주소의 제일 첫 부분에 넣어 말하면 된다. 참고로 Apt는 Apartment의 줄임말이다.

이런 표현은
NO!

My house address is Seoul Seocho-gu Sinbanpo-ro 250 Banpo Apartment, building number 125, unit number 1501.

'집 주소'는 house address가 아니라 home address라고 한다. 주소 표기 순서도 반대이고 아파트 동·호수를 말할 때는 number가 필요 없다.

우리 집 우편번호는 04031입니다.

My home's postal code is 04031.

zero four zero three one
oh four oh three one

PLUS+ My zip code is 04031.

'우편번호'는 postal code라고 한다. 미국에서는 zip code라고 하는데, 여기서 zip은 Zone Improvement Plan의 약자이다. zip code가 미국에만 있는 고유한 세도이기는 하지만, 거의 일반명사화 된 표현이므로 '우편번호'를 zip code라고 해도 된다. 참고로 미국의 우편번호 역시 한국과 마찬가지로 다섯 자리의 숫자로 이루어져 있다.

우편번호를 읽을 때는 숫자를 하나씩 개별적으로 읽는 것이 일반적이다. 이때 숫자 0은 zero라고 읽어도 되고 oh라고 읽어도 좋다.

The postal code for this area is 30093 [three oh oh nine three].
이 지역 우편번호는 30093입니다.

The zip code of the White House is 20500 [two oh five oh oh].
백악관 우편번호는 20500입니다.

이런 표현은
NO! **My house's postal number is 04031.**
'우편번호'는 postal code이다. 한국과 미국의 우편번호가 숫자로만 이루어져 있다 보니 postal number라고 생각하기 쉬운데, 우편번호로 문자와 숫자의 조합을 사용하는 나라도 있다. 예를 들어 영국 버킹엄 궁전(Buckingham Palace)의 우편번호는 SW1A 1AA이다.

우리 회사 주소는 서울시 마포구 잔다리로 64-1입니다.

My company's address is 64-1 Jandari-ro,
sixty-four dash one
Mapo-gu, Seoul.

PLUS+　My work address is 64-1 Jandari-ro, Mapo-gu, Seoul.

'우리 회사 주소'는 my work address 또는 소유격을 써서 my company's address라고 한다. 앞에서 설명한 대로 영어식으로 주소를 쓸 때는 작은 단위부터 쓰므로 번지-도로명-도시명 순으로 나타낸다. 이때 건물번호(64-1)와 도로명(Jandari-ro) 사이에는 쉼표(comma)를 붙이지 않으며, 64-1처럼 중간에 -가 있을 때에는 dash라고 읽으면 된다.

참고로 미국 주소에서 도로명은 St(street), Ave(avenue), Blvd(boulevard), Pkwy(parkway)처럼 약어를 많이 쓴다. 주(state) 이름도 FL(Florida주), GA(Georgia주), CA(California주)같이 약어로 표기하는 경우가 많다.

My company's address is 4850 [forty-eight fifty] **Jimmy Carter Blvd, Norcross, GA 30093.**
내 사무실 주소는 조지아주, 노크로스, 지미카터대로, 4850번지이며 우편번호는 30093이다.

The White House is located at 1600 [sixteen hundred] **Pennsylvania Ave NW, Washington, D.C. 20500.**
백악관은 워싱턴 DC, 펜실베이니아로 NW, 1600번지, 우편번호 20500에 위치해 있다.

이런 표현은
NO!　**My company's address is Seoul Mapo-district Jandari-road 64-1.**
한국 주소를 영어로 바꿀 때, '마포구'의 '구'는 gu, '잔다리로'의 '로'는 ro로 소리 나는 대로 표현한다. 주소는 한국인들이 실제로 말하는 '소리'가 중요하므로 굳이 의미를 좇아 번역할 필요가 없기 때문이다. 또한 주소를 말하는 순서도 반대가 되어야 한다.

12층으로 올라가세요.

Go up to the 12th floor.
twelfth

PLUS+ Go to the 12th floor.

'1층', '2층' '3층'처럼 건물의 층수를 말할 때는 〈정관사 the + 서수 + floor〉 형식을 취한다. 따라서 '12층'은 the 12th floor라고 한다.

참고로 '올라가다'는 go up, '내려가다'는 go down이다. '12층으로 가세요'라고 할 때 아래층에 있는 경우라면 Go up to the 12th floor.라고 하면 되고, 위층에 있는 경우라면 Go down to the 12th floor.라고 하면 된다. 물론 up과 down을 쓰지 않고 Go to the 12th floor.라고만 해도 좋다.

Walk up the stairs to the 5th [fifth] floor.
5층까지 걸어 올라가세요.

Take the elevator to the 21st [twenty-first] floor.
21층까지 엘리베이터를 타고 가세요.

NO! **Go up to 12 floors.**
12 floors는 '12층'이 아니라 '열두 개 층'을 뜻한다. 예를 들어 Go up 12 floors. 또는 Go 12 floors up.은 '열두 개 층을 올라가세요'라는 뜻으로, 3층에 있다면 15층까지 올라가라는 의미가 된다. '12층'은 the 12th floor라고 해야 한다.

아동복 매장은 백화점 7층에 있습니다.

Children's clothing is on the 7th floor in the department store.

seventh

PLUS+ Kids' apparel is on the 7th floor in the department store.

'몇 층에'라고 위치를 말할 때는 전치사 on을 층수 앞에 써서 〈on the + 서수 + floor〉 형태로 표현한다. 따라서 '7층에'는 on the 7th floor가 된다. 참고로 '아동복'은 children's clothing[apparel] 또는 kids' clothing[apparel]이라고 한다. '아동복 매장'은 이 뒤에 department를 붙이면 되는데, 맥락상 분명하니 생략해도 무방하다.

> **TIP**   **'백화점' 앞에는 전치사 in과 at 중 어떤 것을 쓸까?**
>
> '백화점 몇 층'이라고 할 때의 '백화점'은 물리적인 장소를 뜻하므로, 전치사 in을 써서 in the department store라고 해야 한다. at the department store는 '(직장으로서의) 백화점에서', '(건물 바깥을 뜻하는) 백화점에서'라는 뜻이다.
> He has worked at the department store for 17 years.
> 그는 그 백화점에서 17년째 근무 중이다.

 이런 표현은 **NO!**   The children's clothes section is on the 7th floor in the department store.

clothes는 '복수의 옷들'을 뜻하므로, 여기서는 '(집합적) 의류'를 뜻하는 clothing을 써야 한다. 또한 section은 큰 면적을 차지하는 단층 형태의 매장 중 한 부분을 가리키므로 어색하다.

식품 매장은 지하 1층에 있습니다.

The grocery store is in B1.

_{one}

PLUS+ The supermarket is in B1.

'(지상) 2층에'라고 할 때는 전치사 on을 써서 on the 2nd floor라고 한다. 반면 '지하 1층에'처럼 지하층의 위치를 나타낼 때는 전치사 on 대신 in을 사용한다. '(건물의) 지하 공간'은 basement라고 하는데, '지하 몇 층'은 basement의 약자 B를 활용하여 B1, B2, B3처럼 말한다. 따라서 '지하 1층에 있다'는 It's in B1.이라고 한다. 마찬가지로 '지하에 있다'라고 할 때도 전치사 in을 써서 It's in the basement.라고 한다.

The convenience store is in B2.
편의점은 지하 2층에 있습니다.

I parked my car in B3 at the shopping mall.
차를 쇼핑몰 지하 3층에 주차했다.

We need to get out of here. A fire has broken out in B4.
여기서 나가야 해. 지하 4층에서 화재가 발생했어.

 The food market is on underground floor 1.

백화점의 '식품 매장'은 grocery store 또는 supermarket이라고 한다. food market은 '식품 만 파는 시장'이란 의미인데, 현실적으로 식품만 파는 시장은 없으므로 어색한 표현이다. 또한 '지 하'를 underground floor라고도 하지 않는다.

위치를 나타내는
알쏭달쏭 영어 전치사

영어로 위치를 표현할 때는 보통 전치사와 명사를 결합해서 말한다. 위치를 나타내는 기본적인 전치사 중에 일상적으로 많이 쓰이는 것을 살펴보면 on(~위에), under(~밑에), in front of(~앞에), behind(~뒤에), by(~옆에), across(~을 가로질러)가 있다.

위치 전치사 중에는 의미가 비슷해서 헷갈리기 쉬운 것이 많다. 대표적인 것이 장소를 나타내는 전치사 in과 at이다. in은 큰 장소, at은 작은 장소를 나타낸다고 배우는 경우가 많은데, 실제로는 이것과는 상관 없이 '~안에, ~내부에'라는 물리적 장소의 개념을 나타낼 때 in을 쓴다. 예를 들어 아래 문장에서 in the overhead bins는 머리 위 선반(overhead bins)의 '공간 내부에'라는 뜻이므로 전치사 in을 쓴 것이다. 이때는 전치사 at을 쓸 수 없다.

The carry-on baggage must be stored in the overhead bins or under the seat in front of you.
기내에 휴대하신 짐은 머리 위 선반이나 앞 좌석 아래에 놓아 두셔야 합니다.

전치사는 다양한 의미로 사용되기 때문에 우리의 직관과 벗어나는 경우도 많다. 예를 들어 '호수 수면 위에'와 '호숫가에 있는'은 모두 전치사 on으로 표현할 수 있다. on은 어딘가에 닿아 있음을 나타내기 때문에 호수 표면에 닿아 있을 때도 사용할 수 있고, 호수 주위 경계에 닿아 있을 때도 사용할 수 있기 때문이다. 이런 전치사의 다양한 용법은 네이티브가 아닌 사람의 시각에서는 이해하기 힘든 경우도 많으므로, 다양한 예문을 접하면서 자연스럽게 쓰임을 익히는 것이 중요하다.

They built a house on the lake.
그들은 호수 수면 위에 집을 지었다.

I bought a home on a beautiful lake.
난 아름다운 호숫가에 있는 집을 샀다.

이 건물은 22층까지 있다.

This building has 22 floors.
twenty-two

PLUS+ This building is 22 stories high.

건물의 전체 층수는 floor 또는 story로 나타낸다. '22층까지 있다'는 '22층을 가지고 있다'란 뜻이므로 〈this building has + 22 floors[stories]〉라고 말하면 된다. 높이를 말할 때 쓰는 high를 활용해 〈this building is + 22 stories high〉라고 말할 수도 있는데, 이때는 22 floors high라고는 할 수 없으니 주의하자.

floor는 주로 '특정한 층'을 뜻하고, story는 '전체 층'을 뜻하는 경우가 일반적이다. floor와 story는 둘 다 쓸 수 있는 경우도 있지만 '특정 층'을 나타낼 때는 floor만 쓸 수 있다. 예를 들어 '나는 22층에서 내릴 거야'는 I'll get off on the 22nd floor.라고 하는데, 이때는 특정 층을 의미하므로 story는 쓸 수 없다. 한편 '60층 건물'처럼 전체 건물의 층수를 말할 때는 a 60-story building / a 60-floor building 둘 다 쓸 수 있다.

I work on the 15th floor of a 60-story[60-floor] building.
나는 60층 건물의 15층에서 일한다. ▶ the 15th story는 불가능

How many floors[stories] does the building have?
그 건물은 총 몇 층입니까? ▶ floors와 stories 둘 다 사용 가능

NO! **This building has up to 22 floors.**
한국어 문장을 직역한 것인데, up to는 '(특정한 수, 정도)까지'란 뜻이므로 전혀 말이 안 되는 문장이다.

그 건물은 지하 4층까지 있다.

The building has 4 levels underground.
four

PLUS+ There are four basement levels in the building.

지상의 '층'은 floor로 표현하지만 지하의 '층'은 level로 표현하는 것이 일반적이다. 건물에 지하가 총 몇 층까지 있는지 말할 때는 level 뒤에 underground(지하에)를 써서 〈숫자 + levels underground〉 형태로 나타낸다. 따라서 '지하 4층까지 있다'는 has four levels underground가 된다. 또는 '지하층'을 뜻하는 basement levels를 활용해서 four basement levels라고 하거나 four underground levels라고 할 수도 있다. 이때 '지하 1층', '지하 2층', '지하 3층', '지하 4층'을 각각 한 개의 지하층으로 보아 복수형 levels를 쓴 것이다.

There are 3 underground levels in the building.
그 건물은 지하 3층까지 있다.
The building has 22 floors and 4 levels underground.
그 건물은 22층과 지하 4층으로 되어 있다.

NO! **The building has 4 stairs underground.**
stairs는 '계단 한 개', '계단 두 개' 할 때의 '계단'을 뜻한다. 따라서 4 stairs는 '계단 네 개'란 뜻이 되므로 맥락에 맞지 않는다.

화장실은 두 층 올라가면 있다.

The restroom is 2 floors up.
two

PLUS+ If you go up 2 floors, there is a bathroom.

'1층', '2층' '3층'처럼 '(개별의 구체적인) 층'을 말할 때는 〈정관사 + 서수 + floor〉 형식을 취하므로 '(1층과 3층 사이에 있는) 2층'은 the 2nd floor이다. 하지만 '한 층', '두 층'의 '층'을 나타낼 때는 기수 뒤에 floor / level을 쓴다. 따라서 '두 층 위에'는 2 floors[levels] up, '두 층 아래에'는 2 floors[levels] down이라고 한다.

The restroom is 2 floors[levels] down.
화장실은 두 층 내려가면 있다.

TIP '화장실'을 나타내는 영어 단어

미국에서 사무실이나 식당에 있는 '화장실'은 restroom이라고 하는 것이 보통이다. bathroom은 가정집에 있는 '화장실, 욕실'을 가리키기도 하지만, 사무실이나 식당에 있는 화장실을 가리킬 때도 사용할 수 있다. 다만 toilet은 영국에서는 '화장실'을 가리키는 단어지만, 미국에서는 '변기'라는 뜻으로 쓰이므로 주의하자.

이런 표현은 **NO!** **The restroom is 2 stories above.**
story는 건물 전체의 층수를 말할 때 사용하는 단어이므로 여기에서는 쓸 수 없다. 또한 above는 '~보다 위쪽'이란 뜻이지만 주로 전치사로 쓰일 뿐, 직접적으로 '위층'을 뜻할 때는 쓸 수 없다.

네 정거장 **남았다.**

I am 4 stops away.
four

PLUS+ I have 4 stops to go.

지하철이나 버스의 '정거장'은 stop이라고 한다. 가산명사이므로 '네 정거장'은 4 stops이다. '네 정거장 남았다'는 '네 정거장 떨어져 있다', '네 정거장만큼 더 가야 한다'라는 뜻이므로, 이것을 away 또는 to go로 표현할 수 있다. 다시 말해, 내가 네 정거장만큼 떨어져 있으니까 I am 4 stops away.라고 하거나, 네 정거장만큼 더 가야 하니까 I have 4 stops to go.라고 하면 된다.

I fell asleep on the bus and missed my stop by 2 stops.
버스에서 잠이 들어서 두 정거장을 지나쳤다.
Get off after 5 stops.
다섯 정거장 뒤에 내리세요.
I'm 3 stops away from Sadang station.
사당역까지 세 정거장 남았다.

NO! **I have left 4 stops.**

leave는 '남다'가 아니라 '남기다, 남겨 두다'라는 의미이므로 '네 정거장이 남아 있다'라는 뜻이 되려면 피동 구문으로 써야 한다. 〈have + 목적어 + 분사〉 형태로 써서 I have 4 stops left.라고 하면 맞는 표현이 된다.

시드니로 가실 승객께서는 30번 탑승구로 가셔서 탑승해 주십시오.

Passengers bound for Sydney should proceed to Gate 30 for boarding.
thirty

PLUS+ For passengers going to Sydney, go to Gate 30 for boarding.

공항에 있는 '탑승구'의 정확한 명칭은 boarding gate이다. 하지만 각 탑승구의
번호를 말할 때는 boarding은 생략하고 〈Gate + 번호〉 형식으로 말한다. 따라
서 '30번 탑승구'는 Gate 30라고 한다. Gate 30는 공항이 부여한 고유한 이름이
므로 고유명사로 취급해서 대문자 Gate로 쓰는 것이 일반적이다. 물론 gate가
일반적인 의미의 '탑승구'를 뜻하는 경우에는 Your boarding gate is written on
your boarding pass.(탑승구는 소지하고 계신 탑승권에 적혀 있습니다.)처럼 소문자
로 쓴다.
참고로 동사 proceed to는 '~에 이르다, ~로 향하다[나아가다]'라는 뜻인데, 공
항의 탑승 안내 방송에서 자주 들을 수 있는 표현이니 잘 기억해 두자.

Passengers on Flight 204 [two zero four] **to New York should
proceed to Gate 10.**
뉴욕행 204편 승객께서는 10번 탑승구로 가 주십시오.

All passengers on Flight KE123 [one two three] **to Athens, please
proceed to Gate 25.**
아테네로 가는 KE123편 승객 여러분, 25번 탑승구로 가 주세요.

 이런 표현은 **For passengers for Sydney, please go to the number 30 gate**
NO! **and board.**

'시드니행'은 전치사 for Sydney / to Sydney 둘 다 괜찮다. 다만 여기서는 전치사 for가 두 번
중복해서 나왔으므로 For passengers to Sydney라고 표현하는 것이 낫다. 한편 '30번 탑승
구'는 관사와 number 없이 Gate 30라고 한다.

부산행 KTX가 18번 승강장에서 출발할 예정입니다.

The KTX train for Busan is going to leave from Track 18.
eighteen

PLUS+ The KTX train to Busan is going to depart from Platform 18.

'18번 승강장'은 Track 18 또는 Platform 18이라고 한다. track은 '(기차의) 선로'라는 뜻이고 platform은 '승강장'이라는 뜻이다.

참고로 미국에서는 기차가 다니는 선로(track)에 각각 번호가 붙어 있고, 영국에서는 사람들이 기차에 타고 내릴 때 이용하는 승강장(platform)에 번호가 붙어 있다. 우리나라 서울역에서는 '선로1', '선로2', '선로3'을 미국식으로 track 1, track 2, track 3라고 표현하고 있다.

The train bound for Seoul is now boarding at Track 10.
서울행 열차는 지금 10번 승강장에서 탑승 중입니다.

Go to Track 9 to catch the train for Daejeon departing at 9:20 [nine twenty].
9시 20분에 출발하는 대전행 열차를 타시려면 9번 승강장으로 가세요.

이런 표현은
NO! **The KTX for Busan is going to start from the Platform number 18.**

KTX 서비스의 개별 열차를 지칭할 때는 the KTX train이라고 해야 한다. 또한 start는 '시작하다, 개시하다'란 뜻이므로 맥락에 맞지 않는다. '출발하다'는 leave나 depart를 써야 한다. 한편 '18번 승강장'은 관사 없이 Platform 18이다.

그 병원은 강남역 5번 출구 바로 앞에 있다.

The hospital is directly at exit 5 of
five
Gangnam station.

PLUS+ The hospital is very close to exit 5 of Gangnam station.

지하철역의 '출구'는 exit라고 하는데, '몇 번 출구'는 〈exit + 숫자〉로 나타낸다. 따라서 '5번 출구'는 exit 5라고 한다. '강남역 5번 출구'는 〈exit 5 + 전치사 in / at / of + Gangnam station〉 형태를 쓰는데, 이 중에서는 전치사 of를 쓰는 것이 가장 자연스럽다. 또는 아예 전치사를 쓰지 않고 Gangnam station exit 5라고 해도 된다.

한편 at exit 5 자체가 '5번 출구에 바로 인접해 있음'을 뜻하기는 하지만, 목적지가 지하철 출구 '바로 옆에 붙어 있음'을 강조할 때는 directly / just / right / right there를 사용할 수 있다.

> **TIP** **station 의 대문자·소문자 표기 방식**
>
> 일반적으로 지하철역 이름은 소문자 station으로 표기한다. 따라서 '강남역'은 Gangnam station이다. 다만 '부산역'이나 '서울역'처럼 기차역이나 규모가 큰 역은 대문자를 써서 Busan Station / Seoul Station이라고 쓴다.

The hospital is located at the exit 5 in Gangnam station.
지하철역의 출구 번호 앞에는 정관사 the를 붙이지 않는다. '5번 출구'는 관사 없이 exit 5라고 하면 된다.

사당역 11번 출구 나오자마자 뒤로 돌면 바로 거기에 있어.

As soon as you get out of exit 11 of

eleven

Sadang station, turn around. It's right

there.

'사당역 11번 출구'는 exit 11 of Sadang station이다. '(지하철 역에서) 나오다, 나가다'는 get out of / go out of / come out of / walk out of로 표현할 수 있다. 한편 '뒤로 돌다, 방향을 180도 돌다'는 turn around / make a U-turn이다. turn은 '돌다, 방향을 틀다'라는 뜻인데, turn around는 몸의 방향을 180도 반대로 트는 것을 뜻한다.

Get off at City Hall station and go to exit 10.
시청역에서 내려서 10번 출구로 나가세요.

Walk out of exit 2 of Anguk station to go to the museum.
그 박물관에 가시려면 안국역 2번 출구로 나가시면 됩니다.

I'll see you at exit 5 of Hapjeong station.
합정역 5번 출구에서 만나자.

이런 표현은

NO! As soon as you walk out of exit 11 of Sadang station, turn back. It's right there.

turn back은 '(어떤 방해 때문에 하던 것을 계속하지 못하고) 돌아가다, 돌아오다'란 뜻이므로 맥락에 맞지 않는다. return / come back / go back / get back과 비슷한 뜻이다.

그는 고속도로에서 보통 1차선으로 다닌다.

He usually drives in the inside lane on the highway.

PLUS+ He usually travels in the far-left lane on the highway.

영어에서는 '1차선', '2차선' 같은 도로의 차선(lane)을 나타낼 때 한국어처럼 숫자로 표현하지 않는다. 대신 inside(안쪽의), outside(바깥쪽의)를 활용해 말한다. 예를 들어 편도 2차선 도로에서 '1차선'은 inside lane, '2차선'은 outside lane이라고 한다. 편도 3차선 도로에서는 '1차선'과 '3차선'을 각각 inside lane / outside lane이라고 하며, 중간에 있는 '2차선'은 the middle lane이라고 한다. 편도 6차선의 경우에는 훨씬 표현이 복잡해진다. 이때는 '2차선'은 next to the inside lane, '5차선'은 next to the outside lane이라고 한다. 한편 6차선 중에서 '3차선'처럼 특정 차선을 지목할 때는 아래처럼 말할 수도 있다.

I was driving in the third lane from the left.
나는 3차선(왼쪽에서 세 번째 차선)으로 달리고 있었다.

I was driving in the fourth lane from the right.
나는 3차선(오른쪽에서 네 번째 차선)으로 달리고 있었다.

 이런 표현은
NO! **He usually drives on the first line on the highway.**
line은 차선 구분을 해주는 흰색 '선'을 말하므로 적절하지 않다. 도로의 '차선, 차로'는 lane이라고 하며, '1차선으로'는 in the inside lane이다.

(이 영화) 상영관은 6관이고, 복도 끝 오른쪽에 있습니다.

It's theater #6, which is on your right at
number six
the end of the hallway.

PLUS+ It's showing in theater 6, and it's on your right at the end of the hall.

'영화 상영관'은 theater이다. '영화 상영관 6관'은 theater No. 6 또는 theater #6라고 적고 theater number six라고 읽는다. number는 생략하고 간단히 theater 6라고만 해도 상관없다.

한편 '복도 끝에'는 at the end of the hallway[hall]이며, '오른쪽에'는 on your right 또는 on the right라고 한다.

***Spiderman* is showing in theaters 3 & 7 [three and seven].**
'스파이더맨'이 3관과 7관 상영관에서 상영 중이다.

Theater No. 5 [number five] is on the sixth floor.
5관 상영관은 6층에 있습니다.

 이런 표현은 **This movie's auditorium is no. 6 and it's the right side room at**
NO! **the end of the aisle.**
auditorium은 '강당'을 뜻하는 단어이므로 틀렸다. 또한 aisle은 '(극장, 열차, 비행기 등의 좌석 사이의) 통로'를 뜻하며, 영화관에 있는 '복도'는 hall / hallway라고 한다.

드림 씨어터 10열 중앙에서 **뮤지컬을 봤다.**

I watched the musical from the center of row 10 in DreamTheater.

ten

PLUS+ I watched the musical in the middle of row 10 in DreamTheater.

공연장이나 극장의 횡으로 된 '열'을 row라고 한다. '몇 열'은 〈row + 숫자〉로 나타낸다. 따라서 '10열'은 row 10이다. '10열 중앙에서'는 in[from] the center of row 10이라고 하는데, center 대신 middle을 써서 in[from] the middle of row 10이라고 해도 좋다. 참고로 극장 좌석 사이의 '통로'는 aisle이라고 하므로 '10열 통로 쪽 자리'는 an aisle seat in row 10이라고 한다.

I watched the show from an aisle seat in row 10.
10열 통로 쪽 자리에서 공연을 봤다.

I saw the musical at the center of 10 row of DreamTheater.
'중앙에서'는 at the center가 아니라 in the center라고 해야 한다. 또한 '10열'도 10 row가 아니라 row 10이다. 따라서 in the center of row 10이라고 고쳐야 맞는 표현이 된다.

제 좌석은 B1구역 10열 14번입니다.

I'm in section B1, row 10, seat number
  _{one}　　　_{ten}
14.
fourteen

PLUS+　I'm sitting in section B1, row 10, seat number 14.

올림픽 경기장처럼 큰 규모의 공연장에서는 좌석을 구역, 열, 번호로 자세하게 구분해 놓는다. 한국에서는 'B1구역 10열 14번'처럼 숫자를 '구역, 열, 번' 앞에 쓰지만, 영어에서는 section(구역), row(열), seat number(좌석 번호) 뒤에 숫자를 붙인다. 따라서 'B1구역'은 section B1, '10열'은 row 10, '(좌석) 14번'은 seat number 14이라고 한다.

My seat is in row 2, seat number 27 **on the second floor.**
제 좌석은 2층 2열 27번입니다.

I booked a seat in row M, seat number 18 **for the movie starting at 11 o'clock.**
나는 11시 영화의 M열 18번 좌석을 예매했다.

이런 표현은
NO! **My seat is B1 section, 10 row, and 14 seat number.**
My seat is 뒤에는 위치를 나타내는 전치사 in이 반드시 필요하다. 또한 좌석 위치를 나타낼 때는 section, row, seat number 뒤에 숫자를 넣어 말한다.

줄 ▶ 153. MP3

두 줄로 **서 주세요.**

Please line up in two lines.

PLUS+ Please stand in two lines.

일반적으로 '세로로 된 줄'은 line, '가로로 된 줄'은 row라고 한다. row는 극장의 횡으로 된 줄을 생각하면 이해하기 쉬울 것이다. 엑셀 프로그램에서도 횡으로 된 줄을 row라고 한다. 따라서 in two rows라고 하면 가로로 두 줄의 '2열 횡대로'를 뜻한다. 위 문장에서 '두 줄로'는 맥락상 '세로로 된 두 줄'을 뜻하는 것이므로 line을 써서 in two lines라고 해야 한다. in line은 '줄을 서 있는'이란 뜻인데 줄을 서 있는지 잘 모르겠는 사람한테 '지금 줄 서 있는 거에요?'라고 물어볼 때 Are you in line?이라고 한다.

한편 '두 줄로 서 주세요'는 line up(줄을 서다)과 stand(서다)를 활용해도 좋지만, 동사 form이나 make를 써서 Please form two lines. / Please make two lines. 라고 표현해도 좋다.

이런 표현은
NO! **Please queue by two lines.**

'두 줄로'는 전치사 by가 아니라 in을 써서 in two lines라고 해야 한다. 참고로 동사 queue (up)은 '줄을 서서 차례를 기다리다'라는 뜻인데, 명사 queue를 활용하여 make a queue라고 해도 같은 뜻이 된다.

장수IC에서 나와 두 번째 사거리에서 시청 방면으로 우회전하세요.

Get off at the Jangsu exit and turn right
for City Hall at the second intersection.

'사거리'는 intersection이다. '두 번째 사거리에서'라고 할 때는 전치사 at과 서수를 써서 at the second intersection이라고 한다. 한편 '우회전하다'는 turn right / make a right turn / take a right turn이라고 해도 되고, turn을 생략하고 make a right / take a right라고 해도 된다.

Get off at the Jangsu IC and turn right for City Hall at the second crossroad.

IC는 영어에는 없는 말로, '장수IC'는 Jangsu exit라고 한다. 한편 '사거리'는 crossroad가 아니라 intersection이다. crossroad는 '교차로'란 뜻인데, 오래된 단어로 문학적으로나 비유적으로 주로 사용되므로 맥락에 맞지 않는다.

내 방은 끝에서 두 번째 **오른쪽** 방이다.

My room is the second from the last on the right.

PLUS+ My room is the second-to-last one on the right.

'~에서 몇 번째'처럼 위치의 순서를 말할 때는 서수 다음에 전치사 from / to / before를 넣는다. 따라서 '끝에서 두 번째'라고 할 때는 〈the second + from / to / before + the last〉 형태로 표현하면 된다. 이때 the second와 the last의 정관사 the는 생략할 수 있으므로 My room is second from last on the right.라고 말해도 된다. 참고로 '오른쪽에'라고 할 때는 on the right / to the right를 둘 다 쓸 수 있다.

I sat in the third row from the back.
난 뒤에서 세 번째 줄에 앉았다.

The second person from the left in the picture is my mom.
사진 왼쪽에서 두 번째 사람이 우리 엄마야.

이런 표현은 NO! **My room is the second last on the right.**
the second last는 '두 번째 마지막', 즉 마지막을 지나 그 다음에 나오는 마지막을 뜻하기 때문에 맥락에 전혀 맞지 않고 어색하다. '끝에서 두 번째'는 the second from the last이다.

위에서 두 번째 것 **좀 꺼내 줘.**

Get me the second one from the top.

PLUS+   Get me that one under the top one.

'위에서부터'는 from the top, '밑에서부터'는 from the bottom이다. 예를 들어 그래프를 보면서 '밑에서 두 번째 선이 제일 안 좋다'라고 할 때 The second line from the bottom is the worst.라고 한다.
겹겹이 쌓여 있는 상자나 책 같은 물건을 보면서 '위에서 두 번째 것'을 지칭할 때는 〈the second one + from the top〉이라고 하면 된다. 또 '위에서 두 번째 것'은 달리 말하면 '맨위 물건의 아래에 있는 것'이기도 하므로 〈that one + under the top one〉이라고 표현해도 좋다. 이때 '~아래에, ~밑에'라는 뜻으로 under 대신 underneath / beneath / below도 쓸 수 있다.

 Get me the second one from the top one.
NO! from the top과 from the top one은 의미가 완전히 다르다. the top은 '가장 높은 곳'이라는 '추상적 위치'를 나타내지만, the top one은 '가장 상단에 있는 물건'을 뜻한다. 맥락상 the second one은 from the top과 같이 사용되는 것이 적절하다.

PART 7

네이티브는
비교 · 증감을
이렇게 말한다

4살 더 많다 • 3센티 더 크다 • 30분 더 일찍 • 5만 원 더 싸게 • 더 많은 매출 • 1.5배 더 크다 • 54배 • 가능성이 두 배 높다 • 달의 지름의 4배 • 지구의 1/6 • 무게가 1/3 밖에 안 된다 • 70% 증가하다 • 두 배로 오르다 • 2억 원 떨어지다 • 10점 떨어지다 • 작년의 3분의 2로 줄다 • 20% 감축하다 • 2%p 감소하다

우리 오빠는 나보다 4살이 더 많다.

My brother is 4 years older than me.
four

PLUS+ My brother is older than me by 4 years.

영어에서 '~보다 더 …한'이라는 비교 구문은 〈형용사 비교급 + than + 비교 대상〉으로 표현한다. 따라서 '나보다 나이가 많다'는 is older than me이다. 얼마만큼 더 많은지, 적은지를 나타낼 때는 비교급 앞에 숫자 표현을 넣어 주면 된다. 따라서 '4살이 더 많다'는 is 4 years older than me라고 한다. 이때 전치사 than 뒤에는 대명사의 목적격 me가 오므로 주의하자.[1] 한편 '4살이 더 많다'는 '4살만큼 더 많다'라는 뜻이므로, 전치사 by를 활용해 〈is older than me + by 4 years〉라고 표현해도 좋다.

참고로 '오빠, 형'은 older brother / elder brother, '남동생'은 younger brother라고 쓰는 것이 정석이지만, 여기에서는 나이를 비교하고 있는 상황이므로 older / elder를 쓰면 오히려 문장이 어색해진다. 따라서 그냥 my brother라고 하면 된다.

My brother is 4 ages older than me.
'한 살', '두 살'처럼 나이의 '단위'를 나타낼 때에는 age가 아니라 year를 활용한다. age는 '연령, 나이'를 뜻한다. 예를 들어 Does the age gap matter in a relationship?(남녀 관계에서 나이 차이가 중요해?)처럼 쓴다.

다양한 비교 표현, 영어로 어떻게 말할까?

영어로 비교 표현을 만들 때는 일반적으로 형용사의 원형, 비교급, 최상급과 함께 비교를 나타내는 전치사나 접속사 as / than / by / like를 활용한다. 가장 일반적인 비교 표현은 〈형용사 비교급 + than〉 형식으로 표현하고, 동급인 경우에는 〈as + 형용사 원형 + as〉 형식을 사용한다.

She looks much slimmer than she used to be.
걔는 이전보다 훨씬 더 날씬해 보여.

Secondhand smoke is as harmful as actual smoking.
간접 흡연도 실제 흡연만큼 해롭긴 마찬가지이다.

기본적인 비교 표현은 이렇게 만들지만, 비교의 의미를 갖는 동사를 활용하는 방법도 있다. outdo(~보다 더 잘하다) / outnumber(~보다 수적으로 우세하다) / exceed(~을 초과하다) / beat(~보다 훨씬 낫다) / compete(~와 경쟁하다) / prefer(~을 선호하다) 같은 동사를 사용하면 비교의 뜻을 나타낼 수 있다. 예를 들어 '부산에 있는 백화점 수가 인천에 있는 것보다 훨씬 많다'라는 문장을 larger, more 같은 비교급 형용사로 말할 수도 있지만 outnumber, cannot compete with라는 표현을 사용해 말할 수도 있다.

The number of department stores in Busan is larger than in Incheon.
부산에 있는 백화점 수가 인천에 있는 것보다 훨씬 많다.

There are many more department stores in Busan than in Incheon.
인천보다 부산에 백화점이 더 많이 있다.

Busan outnumbers Incheon in terms of the number of department stores.
백화점 수를 보면 부산이 인천보다 더 많다.

Incheon cannot compete with Busan when it comes to the number of department stores.
백화점 수에 있어서 인천은 부산에 경쟁이 되지 않는다.

그는 키가 나보다 3센티 더 크다.

He is 3 cm taller than me.
three centimeters

PLUS+ He is taller than me by 3 cm.

영어에서 비교 구문은 〈비교급 + than〉으로 표현한다. '나보다 키가 크다'는 is taller than me인데, '나보다 3센티 더 크다'라고 할 때에는 비교급 앞에 〈숫자 + 단위〉를 붙여서 is 3 cm taller than me가 된다. 이때 '3센티'는 3 cm라고 쓰고 three centimeters라고 읽는다. cm는 축약형으로 표기할 때는 단수형으로 쓰지만, 읽을 때는 복수형 centimeters라고 읽어야 한다. 특히 영어에서는 centi 라고 절대로 줄여 쓰지 않으니 주의하자.

참고로 키가 얼마만큼 '더 크다'라고 할 때는 taller, '더 작다'라고 할 때는 shorter를 활용한다.

He is 3 cm shorter than me.
그는 키가 나보다 3센티 더 작다.

 He is higher than me 3 cm.

NO! 사람 키를 비교할 때는 tall을 쓰고, 건물 높이를 비교할 때는 high를 쓰므로 틀렸다. 또한 '3센티 만큼 크다'는 전치사 by를 써서 by 3 cm라고 나타낸다.

어제는 평소보다 30분 더 일찍 출근했다.

Yesterday, I got to work 30 minutes
thirty
earlier than usual.

PLUS+ Yesterday, I arrived at work 30 minutes earlier than usual.

'평소보다 더 일찍'은 비교급 earlier than usual로 표현한다. '30분 더 일찍'처럼 구체적인 시간이 나오면 비교급 앞에 숫자 표현을 넣어 30 minutes earlier than usual이라고 하면 된다. 한편 '출근하다'는 '직장에 도착하다'라는 뜻의 get to work 또는 arrive at work로 나타내면 된다.

참고로 '30분 더 일찍 출근했다'가 '30분 더 일찍 집을 나섰다'라는 의미일 때는 아래처럼 말할 수도 있다.

I left home 30 minutes earlier than usual.
I left for work 30 minutes earlier than usual.
나는 평소보다 30분 더 일찍 집을 나섰다.

이런 표현은 **Yesterday, I went to work 30 minute early before usual.**
NO! 동사 go는 '출발'에 중점을 두는 단어이다. 따라서 I went to work라고 하면 '집에서 출발한 시각이 30분 빨랐다'라는 뜻이 되므로 표제문의 의미와 다르다. 한편 '30분'은 복수형으로 30 minutes라고 써야 하고, early before는 earlier than이라고 고쳐야 맞는 표현이 된다.

나는 인터넷에서 그 물건을 5만 원 더 싸게 구입했다.

I bought it for ₩50,000 cheaper on the
fifty thousand won
Internet.

PLUS+ I paid ₩50,000 less for it on the Internet.

'구입하다, 사다'는 동사 buy로 표현할 수 있는데 '~을 얼마 주고 사다'라고 할 때는 〈buy + 물건 + for + 가격〉 형태로 표현한다. 따라서 '그 물건을 5만 원에 샀다'는 bought it for ₩50,000이다. '얼마만큼 더 싸게 샀다'라고 할 때는 가격 뒤에 비교급 cheaper를 붙인다. 따라서 '5만 원 더 싸게 샀다'는 bought it for ₩50,000 cheaper라고 한다.

한편 '지불하다'를 뜻하는 pay를 사용해 나타낼 수도 있는데, 이때는 〈pay + 가격 + for + 물건〉 형태로 쓴다. 따라서 '5만 원 더 적게 지불했다'는 의미로 paid ₩50,000 less for it이라고 해도 좋다. 이때는 cheaper가 아니라 '더 적은'을 뜻하는 less를 써야 하므로 주의하자. 반대로 '5만 원 더 비싸게 주고 샀다'는 '더 많은'을 뜻하는 more를 써서 paid ₩50,000 more for it이라고 한다.

이런 표현은
NO! **I got it for ₩50,000 more cheaply in the Internet.**
cheaply의 사전적 정의는 '싸게'가 맞지만, 동시에 '품질이 낮게/조잡하게'란 뜻이 들어 있으므로 적절하지 않다. '싸게'는 cheap / for a lower price / for a cheap price라고 표현하는 것이 좋다. 한편 '인터넷에서는' 전치사 on을 써서 on the Internet이라고 한다.

그는 다른 팀원들을 합친 것보다 더 많은 매출을 올렸다.

He made more sales than the other team members combined.

PLUS+ He sold more than the rest of the team members put together.

'매출을 올리다'는 make sales라고 한다. '더 많은 매출을 올렸다'는 sales 앞에 비교급 more를 써서 made more sales라고 한다. 이것을 간단하게 말하면 '더 많이 판매했다'라는 뜻이므로 sold more라고 해도 좋다. 한편 '다른 팀원들을 합친 것'은 〈the other team members + combined / put together / totaled together〉 모두 쓸 수 있다. combine은 '결합하다', put together는 '합하다', total은 '합계를 내다'라는 뜻이다.

The trade volume with China is larger than that with the U.S. and Japan combined.
중국과의 무역량은 미국과 일본을 합친 것보다 더 많다.

 이런 표현은 **NO!** **He raised more sales than the total adding of rest of the team members.**
'(매출을) 올리다'는 sales 앞에 동사 raise가 아니라 make를 쓴다. 또한 '다른 팀원들의 매출 총량'은 the rest of the team members totaled together라고 해야 한다.

그 섬은 맨해튼보다 1.5배 더 크다.

The island is 1.5 times larger than
one and a half / one point five
Manhattan.

PLUS+ The island is 50% larger than Manhattan.

'몇 배'라는 뜻의 배수 표현은 〈숫자 + times〉로 나타낸다. '~보다 몇 배 더 …한'이라는 비교급 표현은 〈숫자 + times + 비교급 형용사 + than〉 형태를 사용한다. '1.5배'는 1.5 times인데, 이때 숫자 1.5는 one and a half 또는 one point five라고 읽는다.

한편 면적이나 넓이를 비교할 때는 비교급 형용사 larger / bigger를 사용한다. 따라서 '~보다 1.5배 더 큰'은 1.5 times larger[bigger] than이 된다. 1.5 times greater than ~ in area라고 해도 좋은데, 그냥 greater라고만 하면 길이가 더 길다는 것인지 무게가 더 나간다는 것인지 뜻이 불분명하므로, 뒤에 in area가 있어야 면적이 더 크다는 의미를 제대로 전달할 수 있다. 한편 '1.5배 더 크다'는 퍼센트로 따지면 '50% 더 크다'라는 뜻이므로 50% larger라고 표현해도 좋다.

이런 표현은
NO!   **The island is bigger than Manhattan by 1.5 times.**
'1.5배 더 크다'는 전치사 by를 사용해 표현할 수 없다. 〈1.5 times + bigger than〉 형식을 사용해 The island is 1.5 times bigger than Manhattan.이라고 해야 맞는 문장이 된다.

남한 GDP는 북한의 54배이다.

South Korea's GDP is 54 times greater

fifty-four

than that of North Korea.

PLUS+   South Korea's GDP is 54 times larger than North Korea's.

'54배'는 54 times라고 한다. GDP(국내총생산)처럼 어떤 수치가 몇 배 더 큰 것을 나타낼 때는 비교급 greater 또는 larger를 사용한다. 따라서 '54배 더 큰'은 54 times greater[larger]이다. 이때 than 뒤에 나오는 비교 대상에 주의해야 한다. 영어에서는 비교할 때 기본적으로 평행구조 형태를 취하지만, 한국어에서는 이런 관념이 분명하게 드러나지 않는 경우가 많다. '남한 GDP는 북한의 54배이다'라는 문장은 실제로는 '남한 GDP는 북한 GDP의 54배이다'라는 뜻이므로, 비교 대상은 South Korea's GDP와 North Korea's GDP이다. 영어로 말할 때는 이러한 비교 대상을 똑같이 맞춰야 한다. North Korea's GDP를 지시대명사 that을 사용해 that of North Korea라고 하거나 소유격을 써서 North Korea's로 표현한다. 실제 대화에서는 맥락상 분명하므로 간단히 North Korea라고만 말하기도 하지만, 문법상으로는 틀린 표현이므로 주의하자.

이런 표현은
NO!   **The South Korea's GDP is 54 times of North Korea.**
정관사는 소유격과 함께 사용할 수 없다. 따라서 the는 빼고 South Korea's GDP라고 해야 한다. 또한 '54배 더 큰'은 〈54 times + 비교급〉으로 표현하므로 54 times greater than that of North Korea라고 고쳐야 맞는 표현이 된다.

남자애들이 여자애들보다 ADHD에 걸릴 가능성이 두 배나 높다.

Boys are two times more likely to be diagnosed with ADHD than girls.

PLUS+ Boys are twice as likely to be diagnosed with ADHD than girls.

〈be likely to + 동사〉는 '~할 가능성이 있다, ~할 것 같다'라는 뜻이다. 예를 들어 '비가 올 거 같아'라고 할 때 It's likely to rain.이라고 한다. '~할 가능성이 (상대적으로) 더 많다'는 more likely, '~할 가능성이 (상대적으로) 더 낮다'는 less likely를 써서 표현할 수 있다. 가능성이 '두 배' 더 많다고 할 때는 비교급 앞에 '두 배'를 뜻하는 배수사 two times를 넣어 two times more likely라고 하면 된다. 또는 '두 배로'를 뜻하는 twice를 활용해 twice as likely로 표현해도 좋다.

> **TIP**   **ADHD에 '걸리다'는 영어로 뭐라고 할까?**
>
> ADHD는 attention deficit/hyperactivity disorder(주의력결핍 과잉행동장애)의 약자이다. '(ADHD에) 걸리다'는 '가지고 있다'를 뜻하는 have나 '~을 앓고 있다'를 뜻하는 suffer from으로 표현할 수 있다. 또한 ADHD는 정신과 의사가 진단을 내려 주는 것이므로 '진단하다'라는 뜻의 동사 diagnose를 활용하는 것이 가장 적절하다.[2]

이런 표현은
NO!
Boys have ADHD two times more than girls.
이렇게 말하면 모든 남자애들이 ADHD를 가지고 있다는 것처럼 들리므로 매우 어색한 문장이다. be found to나 be likely to를 추가해 Boys are found[likely] to have ADHD two times more often than girls.라고 하면 괜찮은 문장이 된다.

지구의 지름은 달의 지름의 4배이다.

The Earth's diameter is 4 times larger than that of the moon.

four

PLUS+ The Earth is 4 times larger than the moon in diameter.

'지름'은 diameter인데, 위의 문장은 '지구의 지름(the Earth's diameter)'과 '달의 지름(the moon's diameter)'을 서로 비교하고 있으므로 비교 대상의 격을 맞춰야 한다. 지구의 지름이 달의 지름보다 '4배(4 times)' 더 큰 것이므로 주어를 The Earth's diameter로 할 때는 4 times larger라고 표현하면 된다. 이때 than 뒤에는 비교 대상으로 that of the moon 또는 the moon's가 온다.

한편 위의 문장은 달의 지름이 지구 지름의 '4분의 1(one fourth)'이라는 말이기도 하다. 따라서 주어를 The moon's diameter로 하여 The moon's diameter is one fourth of the Earth's.(달의 지름은 지구의 1/4이다.)라고 말해도 괜찮다.

이런 표현은
NO!

The Earth's diameter is 4 times of moon's diameter.

'~보다 몇 배 더 큰'은 〈숫자 + times + 비교급 larger + than〉 형태로 쓴다. 따라서 4 times larger than that of the moon이라고 고쳐야 한다. 한편 '(지구의 위성) 달'은 정관사 the를 앞에 붙여 the moon 또는 the Moon이라고 해야 한다.

달의 중력은 지구의 1/6에 불과하다.

The moon's gravity is only one sixth of the Earth's.

PLUS+ The moon's gravity is six times weaker than the Earth's.

비교 대상은 격을 맞춰 써야 한다. 위 문장에서는 달의 중력(the moon's gravity) 과 지구의 중력(the Earth's gravity)을 비교하고 있으므로, 비교 대상은 that of the Earth / the Earth's라고 써야 한다. 지구는 우리가 살고 있는 별이므로 간단 하게 ours라고 표현해도 된다.

'지구 (중력)의 1/6'은 one sixth of the Earth's라고 하는데, 분수 1/6은 one sixth 또는 a sixth이다.

위 문장을 '달의 중력이 지구의 중력보다 6배 약하다'라는 의미로 The moon's gravity is six times weaker than the Earth's.라고 표현해도 좋다. 이때는 Earth's gravity에서 gravity를 생략한 것이다.

Moon's gravity is only a sixth of the Earth.
지구의 위성인 '달'은 반드시 앞에 정관사 the를 붙여서 써야 한다. 대문자 the Moon도 좋고, 소문자 the moon도 괜찮다. 참고로 '지구'도 대문자와 소문자를 써서 the Earth / the earth 라고 할 수 있는데, 정관사를 생략하고 대문자로만 Earth라고 쓰기도 한다.

화성에서는 지구에서보다 무게가 1/3밖에 안 된다.

On Mars, you'd only weigh one third as much as you do on the Earth.

PLUS+ On Mars, you'd only weigh one third of your weight on the Earth.

위 문장은 '지구에서의 무게의 1/3'이라는 뜻이니까 전치사 of를 써서 〈one third + of + your weight on the Earth〉라고 해도 되고, '지구에서 재는 무게의 1/3만큼'이라는 의미로 as much as를 활용해 〈one third + as much as + you weigh on the Earth〉라고 표현할 수도 있다. 이를 달리 말하면 '화성에서는 지구에서 재는 무게보다 세 배 더 적게 나간다'라는 것이므로 〈three times + less than + you weigh on the Earth〉라고 말해도 좋다.

> **TIP**   태양계 행성 이름
>
> '지구'를 제외한 태양계의 행성 이름은 그리스 로마 신화의 신들 이름에서 유래했다. 모두 첫 글자를 대문자로 써서 Mercury(수성), Venus(금성), Mars(화성), Jupiter(목성), Saturn(토성), Uranus(천왕성), Neptune(해왕성)이라고 한다. 참고로 Pluto(명왕성)는 2006년에 행성의 조건에 맞지 않아 행성에서 퇴출되었다.

이런 표현은 **NO!** **In Mars, you will only weigh one third than the Earth.**
'화성에서'는 on Mars이다. 또한 화성에 진짜로 간 것은 아니므로, '화성에 간다면 ~할 것이다' 라는 가정의 의미를 나타내려면 조동사 will이 아닌 would를 써야 한다. 한편 '지구(에서 무게) 의 1/3'은 one third as much as you do on the Earth라고 해야 한다.

지난 분기 매출이 70% 증가했다.

Last quarter's sales went up by 70%.
seventy percent

PLUS+ Sales grew 70% last quarter.

'분기'는 quarter라고 하는데, '1/4분기, 1분기'는 first quarter, '2/4분기, 2분기' 는 second quarter라고 한다. '지난 분기 매출'은 소유격을 써서 last quarter's sales라고 하면 된다. 참고로 '2/4분기 매출'처럼 특정한 분기의 매출을 나타 낼 때는 second quarter's sales라고 한다. 예를 들어 '2/4분기 매출이 1/4분 기 매출에 비해 70% 증가했다'는 The second quarter's sales went up by 70% compared to sales in the first quarter.라고 한다.

한편 '증가했다'는 went up / rose / grew / increased로 표현할 수 있는데, '70% 만큼' 증가한 것이니까 '~만큼'이라는 정도를 나타내는 전치사 by를 써서 by 70%라고 한다. 일상적인 대화에서는 by를 생략하고 Last quarter's sales went up 70%.라고 말하는 경우도 많다.

NO! **Sales went up by 70% at the last quarter.**
'지난 분기에'라고 할 때는 전치사 at이 아니라 in을 써서 in the last quarter라고 한다. 이처럼 전치사와 함께 쓸 때는 반드시 정관사 the를 붙이므로 주의하자. 참고로 '2/4분기에'라고 할 때 도 in the second quarter라고 한다.

증가·감소를 나타내는 다양한 동사 표현

영어에는 온도, 속도, 시험 점수, 매출, 가격, 수량 등의 증가와 감소를 세밀하게 나타낼 수 있는 표현이 아주 다양하다. 그러므로 increase(증가하다)와 decrease(감소하다)만 쓰지 말고, 급증한 경우에는 skyrocket / soar / surge, 급락한 경우에는 plummet / plunge / nosedive, 큰 변화가 없는 경우에는 level off / stay balanced / show little change / hold steady, 오르락내리락하는 경우에는 fluctuate / go up and down 같은 어휘를 활용하면 좋다.

아래 표에 증가와 감소를 나타내는 대표적인 동사를 제시했으니 각 상황에 맞게 활용해 보자. 영어는 동사와 명사가 유연하게 사용되므로 아래 제시된 동사의 명사형도 찾아 외워 놓으면 더욱 풍부한 표현을 할 수 있다.

증가/상승	감소/하락
increase 증가하다	decrease 감소하다
grow 증가하다	fall 떨어지다, 하락하다
go up 증가하다, 오르다	go down 떨어지다, 감소하다
rise 증가하다, 오르다	drop 떨어지다
climb 오르다, 상승하다	lessen 줄어들다
escalate 상승하다	reduce 줄이다, 낮추다
enlarge 확대하다, 커지다	decline 감소하다
expand 확대하다, 증가하다	shrink 감소하다, 줄다
improve 향상되다	scale down 규모를 축소하다
skyrocket 치솟다, 급등하다	tumble 급락하다
soar 치솟다	plummet 폭락하다, 급감하다
surge 급증하다	plunge 폭락하다, 급감하다
get larger 커지다	nosedive 폭락하다
get bigger 커지다	grow[become] less 적어지다
become greater 커지다	grow[become] smaller 작아지다

그 집은 몇 년 전에 비해 가격이 두 배로 올랐다.

The price of the house rose two times higher than several years ago.

PLUS+　That house is double the price of several years ago.

'두 배로 오르다'는 two times / twice / double을 사용해 나타낼 수 있는데, 단어의 성격에 따라 문장 형태가 조금씩 다르다. 우선 '두 배'를 뜻하는 two times 를 쓸 경우, 뒤에 비교급 형용사를 넣어 〈two times + higher〉로 표현한다. 한편 부사 twice는 '두 배로'라는 뜻인데 〈twice + the price〉의 형태로 쓴다. 마지막으로 double은 형용사와 동사로 모두 쓰이는데, 형용사일 때는 twice와 마찬가지로 〈double + the price〉의 형태로 쓸 수 있다. 동사로는 '두 배가 되다'라는 뜻이 있으므로 아래처럼 활용할 수도 있다.

Wow, these housing prices are so outrageous. The price of the house has doubled **in the past several years.**
와, 집값이 말도 안 돼. 그 집은 지난 몇 년 사이에 가격이 두 배가 됐어.

 The price of the house rose twice higher than several years ago.
NO! 〈twice + 비교급 + than〉 형태로는 쓸 수 없으므로, twice the price of라고 써야 한다. 이때 는 be동사나 cost와 함께 써야 하며, 변화를 나타내는 rise와는 맞지 않는다. That house is twice the price of several years ago.라고 고치면 맞는 문장이 된다.

집값이 올해 들어 2억 원 떨어졌다.

The price of the house fell by 200 million

two hundred

won this year.

PLUS+ The price of the house is 200 million won less than last year.

'(금액이) ~만큼 떨어지다'는 동사 fall(떨어지다, 하락하다)과 전치사 by(~만큼)를 활용해 〈fall by + 금액〉 형식으로 나타내면 된다. '2억'은 200 million이라고 표기하고 two hundred million이라고 읽는다. '올해 2억 원 떨어졌다'는 과거시제를 써서 〈fell + by 200 million won + this year〉라고 하거나 '올해 집값이 작년보다 2억원 낮다'라는 의미니까 현재시제로 〈is 200 million won less + than (that of) last year〉라고 표현해도 좋다. 이때는 that of를 생략해도 되며, than 대신 '~와 비교하여'를 뜻하는 compared to를 써도 좋다.

That house is priced at 200 million won less than last year.

price는 동사로는 주로 수동태 형태로 쓰이는데, be priced at은 '가격이 ~이다'라는 뜻이다. 예를 들어 집값이 8억원에서 6억원으로 떨어졌다면 That house is priced at 600 million won, which is 200 million won less than last year.라고 말할 수 있다.

내 점수가 중간고사 때보다 10점 떨어졌다.

My score dropped by 10 points compared to the midterm.

ten

PLUS+ I scored 10 points less than the midterm.

시험의 '점수'는 score, 점수로 받은 '몇 점'은 point라고 한다. '내 점수가 10점 떨어졌다'는 '10점만큼 떨어졌다'는 뜻이므로 전치사 by를 써서 My score dropped by 10 points라고 하면 된다. 이때 전치사 by는 생략도 가능하다. 한편 score는 동사로는 '(점수를) 몇 점 받다'란 뜻이므로, '나는 중간고사보다 10점 더 적게(less) 받았다'라는 의미로 I scored 10 points less than the midterm.이라고 해도 좋다. 또한 down을 써서 같은 의미를 나타낼 수도 있다. 부사 down은 '(수량이) 떨어져'라는 뜻이므로 My score is down 10 points compared to the midterm.이라고 해도 된다.
참고로 '(점수가) 떨어지다'는 drop, '(점수가) 오르다'는 rise를 활용하며 rise의 과거형은 rose이다.

A: **How did you do on the final?**
기말고사 어땠어?

B: **My score rose by 10 points compared to the midterm.**
점수가 중간고사 때보다 10점 올랐어.

이런 표현은
NO! **My grade went down 10 points compared to the midterm.**
'시험 점수'는 grade가 아닌 score라고 한다. grade는 A, B, C, D 같은 '학점, 성적'을 가리키는 단어이다.

(해외) 수입이 작년의 3분의 2로 줄었다.

Imports have fallen to two thirds of those of last year.

PLUS+ Imports have been reduced to two thirds of last year's.

올해의 일정 기간 해외 수입과 작년 동기 해외 수입을 비교하여 올해 수입이 감소하였음을 말할 때, '줄다, 감소하다'는 동사 fall / reduce / drop으로 나타낼 수 있다. 이때 reduce는 '줄이다'라는 뜻의 타동사이므로 '줄다'라는 의미를 나타내려면 수동태 형태로 쓴다. '~으로 줄다/감소하다'라고 할 때는 이 뒤에 전치사 to를 붙이면 된다.

'작년의 3분의 2'는 two thirds of those of last year라고 하거나 two thirds of last year's라고 하면 된다. 후자는 last year's imports에서 imports가 빠진 형태이다. 한편 '3분의 2로 줄었다'라는 말은 달리 말하면 '3분의 1만큼 줄었다'는 말이므로 차이를 나타내는 by를 활용해 말할 수도 있다.

Imports decreased by one third **compared to last year.**
작년과 비교해 (해외) 수입이 3분의 1만큼 감소했다.

The import has fallen off to two thirds of last year's.
명사로 import는 '수입액'이 아니라 '수입품(an imported good)'을 뜻한다. 정관사 없이 복수형으로 imports라고 고쳐야 맞는 표현이 된다. 또한 fall off는 '(나무 위, 사다리 등에서) 떨어지다'란 뜻이므로 여기서는 맥락에 맞지 않는다.

그 회사는 직원을 20% 감축할 예정이다.

The company is planning to reduce its workforce by 20%.

twenty percent

PLUS+ The company is planning to lay off 20% of its employees.

'(직원을) 감축하다'는 reduce / lay off / terminate / fire / cut 모두 쓸 수 있다. 다만 동사의 특성에 따라 목적어를 다르게 취한다. '줄이다'를 뜻하는 동사 reduce의 경우는 목적어로 '노동력, 직원 전체'가 오므로 reduce its workforce by 20%라고 말한다. 반면 '해고하다'라는 뜻의 lay off / terminate / fire의 경우는 목적어로 '사람'을 취하므로 뒤에 its employees by 20% / 20% of its employees가 온다. 마지막으로 '자르다'라는 뜻의 cut은 둘 다 목적어로 취할 수 있으므로 cut its workforce by 20% / cut its employees by 20% / cut 20% of its employees를 모두 쓸 수 있다.

한편 '감축하다'라는 말은 '감소'를 뜻하는 명사 decrease를 활용해 말할 수도 있는데, 이때는 a 20% decrease처럼 수치가 중간에 온다.

There will be a 20% decrease **in the number of employees at the company.**

The company will decrease 20% of its employees.

NO! decrease 뒤에는 Covid-19 has severely decreased the number of flights.(코로나19로 인해 항공편 수가 심하게 많이 줄었다.)처럼 목적어로 '수량'이 온다. 따라서 decrease the number of its employees by 20%라고 고쳐야 맞는 문장이 된다.

실업률이 전년 대비 2%p 감소했다.

The unemployment rate fell by 2
two
percentage points compared with
last year.

작년 3월의 실업률이 5.4%, 금년 3월의 실업률이 3.4%라고 할 때 전년 동기 대비 실업률의 수치 차이는 2 percentage points이다. 이런 경우 우리는 흔히 실업률이 '2퍼센트' 감소했다고 말하는 경우가 많지만, 사실 이는 틀린 표현이다. '퍼센트의 차이/변화'를 말할 때는 percentage point(또는 percent point)를 사용한다.[3]

1%p를 제외하고는 복수형으로 쓰므로 2%p는 two percentage points라고 한다. 2%p가 다른 명사를 수식하는 경우라면 단수형을 써서 two-percentage point가 된다. 따라서 위 문장은 There was a two-percentage point decrease in the unemployment rate compared with last year.라고도 말할 수 있다.

> **The CPI decreased by** 0.04 [zero point zero four] **percentage points last month.**
> **There was a** 0.04-percentage point **decrease in the CPI last month.**
> 소비자 물가 지수가 지난달에 0.04%p 내렸다.

The unemployment rate decreased 2 percentage points compared with the last year.

'2%p 감소했다'는 〈동사 decreased + 전치사 by + 2 percentage points〉의 형태로 표현한다. 또한 '작년'은 관사 없이 last year로 써야 한다.

PART 8

네이티브는
등급·정도를
이렇게 말한다

20명의 참가자 중에 15등 • 종합 3위 • 빌보드 핫 100에서 90등 • 로또 1등 • 성적 1등 • 다섯 번째로 큰 • 고 3 • 19학번 • 일류대 • 일등석 • 에너지 효율 1등급 • 공무원 7급 • 대졸 이상 28.7% • 6명 이상 • 절반 이상 • 1,500개 이상의 매장 • 80세를 넘어서다 • 18세 미만

그는 그 대회에서 20명의 참가자 중에 15등 했다.

He finished in 15th place out of 20
fifteenth   twenty
contestants in the competition.

PLUS+ He came in 15th out of 20 contestants in the competition.

스포츠의 등수를 말할 때는 〈숫자 서수형 + place〉로 표현한다. 명사 place는 스포츠 경기(athletic competitions)에서 '~등'이란 뜻으로 쓰인다. 따라서 '15등'은 15th place라고 한다. 이때 등수를 나타내는 서수 앞에는 정관사 the를 붙이지 않으므로 주의하자. '몇 등으로 경기를 마치다'라고 할 때는 〈finish (in) + 서수 + place〉, '몇 등을 하다'는 〈take + 서수 + place〉라고 한다. 한편 '몇 명 중에서'라고 할 때는 전치사 out of / among을 쓴다.

Usain Bolt finished in third place in his last 100-meter sprint.
우사인 볼트는 생애 마지막 100미터 경주에서 3등을 했다.

They won first place in the 400 m [four-hundred-meter] **relay.**
그들은 400미터 계주에서 1등을 차지했다.

He took fifth place in men's figure skating.
그는 남자 피겨 스케이팅에서 5위를 했다.

이런 표현은
NO!

He finished No. 15 out of 20 people in the competition.
스포츠 경기에서의 '15등'은 No. 15이 아니라 15th place라고 해야 한다. '몇 등으로 경기를 마치다'라고 할 때는 finish (in) 뒤에 등수를 쓴다.

 **순위(올림픽)** ▶ 176. MP3

캐나다는 지금 노르웨이와 독일에 이어 종합 3위이다.

Canada is currently in 3rd place overall
third
behind Norway and Germany.

올림픽 순위인 '3위'도 스포츠 등수를 말할 때와 마찬가지로 〈숫자 서수형 + place〉를 활용해 3rd place라고 하면 된다. '캐나다는 3위이다'는 전치사 in을 써서 Canada is in 3rd place이다.

한편 '종합'은 in the overall ranking(종합 순위에서)이라고 해도 되지만, 간단하게 overall만 써도 된다. in the overall ranking에서 overall은 '종합적인'이란 뜻의 형용사로 쓰인 것인데, overall은 부사로 '종합적으로, 전반적으로'라는 뜻도 가지고 있다.

The U.S. won first place in the overall ranking **with 39 gold medals.**
미국은 금메달 39개로 종합 1위를 차지했다.

South Korea overtook Japan to finish 8th [eighth] overall.
한국은 일본을 제치고 종합 8위를 기록했다.

 이런 표현은 **NO!** **Canada is now in the 3rd place comprehensively behind Norway and Germany.**
'3위이다'는 정관사 없이 be in 3rd place 또는 be in 3rd라고 해야 한다. 또한 '종합적으로'라는 뜻의 단어는 comprehensively가 아니라 overall이다.

그 노래는 지난주 빌보드 핫 100에서 90등을 차지했다.

The song ranked 90th on the Billboard
ninetieth
Hot 100 last week.
one hundred

PLUS+   The song was at No. 90 on Billboard's Hot 100 last week.

동사 rank는 '(등급·순위를) 차지하다'라는 뜻이다. '몇 등을 (차지)하다'라고 할 때는 〈rank + 서수〉 또는 〈rank + No. 숫자〉로 표현한다. 따라서 '90등을 차지했다'는 ranked 90th [ninetieth] / ranked No. 90 [number ninety] 둘 다 가능하다. rank 대신 be동사를 써서 was 90th / was at No. 90라고 해도 되는데, 전치사 at은 생략 가능하다.

한편 '1등을 차지하다'는 rank first / rank No. 1이라고 해도 되지만, '~에서 선두를 차지하다'를 뜻하는 동사 top을 써서 표현할 수도 있다.

The song ranked first on Genie in the second week of June.
The song topped Genie in the second week of June.
그 노래는 6월 둘째 주에 지니에서 1등을 차지했다.

NO!   **The song was at No. 90th in Billboard's Hot 100 last week.**
'빌보드 핫 100에서'라고 할 때 Billboard's Hot 100 앞에는 전치사 in이 아니라 on을 써야 한다. 또한 No. 뒤에는 서수 90th가 아니라 기수 90를 쓴다.

그는 로또 1등에 당첨됐다.

He won first prize in the lotto.

PLUS+ He won the grand prize in the lotto.

로또의 '1등'은 first prize로, 이때는 서수 앞에 정관사 the를 붙이지 않는다. '로또 1등'은 〈first prize + in the lotto〉라고 한다. 다만 '소유, 귀속'을 나타내는 전치사 of를 쓸 때는 정관사를 붙여 〈the first prize + of the lotto〉라고 한다. '로또 1등'을 the grand prize / the jackpot이라고 할 수도 있는데, 이때는 무조건 앞에 정관사 the를 붙인다.

참고로 first prize는 '1등상'을 뜻한다. 반면 시험 성적처럼 채점의 결과를 의미할 뿐 별도의 상을 수여하지 않는 '1등'은 first place라고 한다. 글짓기 대회나 수영 대회처럼 1등에게 상을 수여하는 경우라면 '1등'은 first place / first prize를 둘 다 쓸 수 있다.

In the finals, he came in second place in his grade.
기말고사에서 그는 전교 2등을 했다.

Tom took part in the competition and won first place[prize].
탐은 대회에 참가해 1등을 했다.

Reilly won first place[prize] in the writing contest.
라일리는 글짓기 대회에서 1등을 수상했다.

이런 표현은
NO! **He won the first prize in the lotto.**
정관사를 붙여 〈the first prize + in the lotto〉라고 하면 '지금까지 수여된 상 중에서 가장 처음으로 수여된 상(the first prize ever awarded)'이란 뜻이 되므로 의미가 맞지 않는다.

학교 다닐 때 걔는 늘 성적이 1등이었다.

He was always a top student in school.

PLUS+ He was always the best student in school.

한국에서는 학교의 성적 등수에 대해 말할 일이 많지만, 등수를 매기지 않는 미국에서는 거의 말할 일이 없다. '성적 1등'은 a top student / the best student를 활용해서 말하는 것이 가장 자연스럽다.

반대로 '성적이 꼴등이다'는 He was a poor student. 또는 He was the worst student.라고 하며, '성적이 보통이다'는 He was an average student.라고 표현할 수 있다.

TIP **학업 성적 '몇 등'은 미국에서 의미가 없다**

한국인의 수직적 문화를 반영하듯 한국어에는 등급과 등수를 표현하는 문장이 많이 있다. 그러나 미국에서는 '너는 반에서 몇 등이니?', '이번 시험에서 학급 석차는 올랐는데 전교 석차는 떨어졌다' 같은 문장을 쓸 일이 거의 없다.[1] 한국에서도 점차 학교 시험 성적에 등수를 매기는 일이 줄고는 있지만 미국에서는 이런 일이 거의 없다고 봐도 무방하다. 설사 시험 등수가 있다고 하더라도 학생 능력에 따라 우열반에 편성되기도 하고, 대학 진학 시 학점 인정을 받는 선행이수반에서 공부를 하기도 하므로 서로 서열을 비교하기 어려운 경우가 많다.

He was always a number 1 student in school.

number 1 student는 영어에서는 거의 쓰지 않는 표현이다. 어떤 측면에서 number 1이라는 건지도 의미가 매우 불분명하다. '성적 1등'은 a top student / the best student라고 표현하는 것이 자연스럽다.

한국은 세계에서 다섯 번째로 큰 석유 수입국이다.

South Korea is the 5th-largest crude oil
fifth
importer in the world.

PLUS+ South Korea is the world's 5th-largest crude oil importer.

'몇 번째로 ~한'이라고 할 때는 〈the + 서수 + 최상급 형용사〉로 표현한다. 특히 양이나 크기가 '몇 번째, 몇 등'인 것은 the largest를 사용한다. '가장 큰(1등)'은 the largest, '두 번째로 큰(2등)'은 the 2nd-largest, '세 번째로 큰(3등)'은 the 3rd-largest, '네 번째로 큰(4등)'은 the 4th-largest가 된다. 반대로 '밑에서 몇 번째'는 the smallest로 표현하는데, 숫자와 관련된 경우에는 the lowest로 표현하면 된다.

The country is the world's 2nd-smallest crude oil importer.
그 나라는 세계에서 석유 수입량이 두 번째로 적은 나라이다.

Today, we had the 2nd-lowest number of people test positive since the start of the pandemic.
오늘은 팬데믹 발생 이후 확진자 수가 두 번째로 적게 발생한 날이다.

이런 표현은
NO! **South Korea is the 5th place gasoline importing country in the world.**
5th place는 시험이나 스포츠에서의 '5위'를 뜻하는 말이므로 틀렸다. 또한 한국은 원유(crude oil / petroleum)를 수입해 정유 공장에서 경유(diesel), 항공유(jet fuel), 휘발유(gasoline) 등을 생산하므로 gasoline은 맥락상 맞지 않는다.

내 남동생은 고 3이다.

My brother is a senior in high school.

PLUS+ My brother is in grade 12.

미국의 초중고 학제는 주마다 조금씩 차이가 있지만, 일반적으로는 초등학교 (elementary school) 5년, 중학교(junior high school) 3년, 고등학교(high school) 4년으로 구성되어 있다. 학년을 표현할 때 가장 무난한 방식은 1학년 (grade 1 / first grader)부터 12학년(grade 12 / twelfth grader)까지를 숫자로 부르는 것이다. 하지만 고등학생부터는 성인 비슷한 대접을 해 줘서, 대학생과 마찬가지로 freshman(한국의 중 3) / sophomore(고 1) / junior(고 2) / senior(고 3)라고 부르는 것이 일반적이다. 따라서 '고 3'은 a senior in high school이라고 하는 것이 가장 무난하다.

My daughter is a fourth grader.
내 딸은 초등학교 4학년이다.
My son is an eighth grader.[2]
My son is in his second year of middle school.
내 아들은 중 2이다.
I'm a freshman in college.
나는 대학교 1학년이다.

My brother is in the third grade in a high school.
in the third grade 또는 in third grade는 '초등학교 3학년'이라는 뜻인데, in a high school 과 함께 쓰면 '고등학교에 다니는 초등학교 3학년'이라는 뜻이 되어 굉장히 어색한 표현이 된다.

나는 19학번이다.

I started college in 2019.

twenty nineteen

PLUS+ My college life started in 2019.

영어로는 한국의 입학 연도인 '학번'을 나타내는 표현이 따로 존재하지 않는다. 따라서 '나는 19학번이다'는 '나는 2019년에 대학에 입학했다'처럼 풀어서 설명해야 한다. I started[entered] college in 2019.이라고 하거나 '2019년이 나의 대학 첫 해이다'라는 의미로 My first year of college was 2019. / 2019 was my first year in college.라고 말한다.

> **TIP** 　　　　미국에서는 별다른 의미가 없는 입학 연도
>
> 한국에서는 입학 연도를 중시 여겨서 학번에 따라 모임이 구성되는 경우가 많다. 군대 때문에 사람마다 졸업 시기가 다른 탓도 있을 것이고, 문화적으로 출발과 시작에 상당한 의미를 두기 때문일 것이다. 반면 졸업이 까다로운 미국 대학에서는 입학 연도가 아닌 졸업 연도를 훨씬 중요하게 여긴다. 오히려 '몇 년도 졸업생'이라는 의미로 〈class of + 졸업 연도〉라는 표현을 사용한다. 입학 연도, 결과적으로 '학번'은 미국에서 큰 의미가 없다.

이런 표현은 **I was in the class of 2019.**

NO! 어법상 문제는 없지만, 이렇게 말하면 '나는 2019년도 졸업생이다'라는 뜻이 된다. 여기서 class 는 graduation class(졸업하는 학생들)를 뜻한다.

대다수의 한국 사람들은 일류대를 나와야 인생에서 성공할 수 있다고 생각한다.

Most Koreans think they have to graduate from a top university to succeed in life.

'일류대'는 top university / top-ranking university / prestigious university라고 한다. top은 '맨 위의, 최고의'를 뜻하며, prestigious는 '명망 높은, 일류의'란 뜻이다. 이 밖에도 '일류의'라는 뜻으로 high-class란 표현을 많이 쓴다.

I am excited to get a job at such a high-class company.
그런 일류기업에 취직할 수 있게 되어 기쁘다.

You can find many high-class restaurants in Paris.
파리에 가면 최고급 식당을 많이 볼 수 있다.

참고로 '일류'의 반대 표현으로 '삼류'라는 표현도 많이 쓰는데, '삼류대'는 the lowest ranked university 정도로 표현할 수 있다.[3] '삼류'를 직역해서 third-rate 라고 말하지 않으므로 주의하자.

Most Koreans think they have to graduate a first-rate university to succeed in life.

first-rate는 '1등급'이란 뜻이지만 university와 같이 사용되지 않는다. 또한 동사 graduate (졸업하다) 뒤에는 반드시 전치사 from이 필요하다.

등급과 지위를
나타내는 표현

등급과 지위를 나타내는 표현은 일상생활에서 빈번하게 사용되므로 잘 알아 두면 도움이 된다. '상류층'은 upper class / high class, '부유층'은 rich people / wealthy people이라고 한다. 샤넬, 에르메스 같은 '일류의, 최고급의'는 high-class, '고급 주택가'는 high-class residential area / posh residential area라고 한다.

반면에 '하류층'은 lower class, '빈곤층'은 poor people이라고 한다. '서민'은 딱히 영어로 옮기기가 쉽지 않은데 working people / working class로 표현할 수 있다. 한편 '중산층'은 middle class라고 한다.

The upper class likes that brand.
상류층은 그 브랜드를 좋아한다.

A murder took place in a high-class residential area in Seoul.
서울의 한 고급 주택가에서 살인 사건이 발생했다.

She only goes to high-class restaurants.
그녀는 최고급 식당에만 다닌다.

He was a scam artist who defrauded rich people.
그는 부유층을 상대로 사기 행각을 벌였다.

Many middle-class people fall into the lower class after becoming credit delinquents.
중산층이 신용 불량자가 되어 하류층으로 전락하는 경우가 많다.

나는 미국에 여행 갈 때 일등석을 탔다.

I flew first class when I went on a trip to the U.S.

PLUS+ I traveled in first class when I visited America.

항공기 좌석은 일반적으로 '일등석-비즈니스석-이코노미석'의 세 등급으로 나누어진다. '일등석'은 first class, '비즈니스석'은 business class, '이코노미석'은 economy class라고 한다.

'일등석을 탔다'는 동사 fly 또는 travel in을 사용해 flew first class라고 하거나 traveled in first class라고 하면 된다. flew는 동사 fly의 과거형인데, 〈fly + 좌석 등급〉 형태로 쓰면 '(좌석 등급)을 타고 비행하다'라는 뜻이다.

How much does it cost to fly first class?
일등석 타면 요금이 얼마나 하나요?

You're supposed to pay over four times more for first-class airline tickets than you do for economy-class tickets.
일등석은 이코노미석보다 표 가격을 4배 이상 지불해야 한다.

 I took a first-class seat when I went on a trip to U.S.
I took a first-class seat은 '나는 일등석 의자를 떼서 가지고 가 버렸다'라는 이상한 뜻이 된다. 또한 U.S. 앞에는 반드시 정관사 the를 붙여 the U.S.라고 써야 한다. 미국을 America라고도 하는데 이때는 관사를 붙이지 않는다.

나는 에너지 효율 1등급 에어컨을 구입했다.

I bought an air conditioner with a level 1 energy efficiency.

one

PLUS+   I bought an air conditioner that has a level 1 energy efficiency.

'에너지 효율 1등급'은 한국에만 있는 용어인데 네이티브에게 설명할 때는 a level 1 energy efficiency라고 하면 된다. level 1이라고 하는 대신 class 1이라고 해도 괜찮다. level은 '수준, 단계', class는 '등급'을 뜻한다. '에너지 효율'은 energy efficiency 또는 energy consumption이라고 한다.

> **If you use products with a level 1 energy efficiency, you can save on electricity bills.**
> 에너지 효율 1등급 제품을 사용하면 전기 요금을 아낄 수 있다.

> **I replaced a refrigerator with a level 3 energy efficiency for one with a level 1 energy efficiency.**
> 나는 에너지 효율 3등급 냉장고를 1등급으로 바꿨다.

이런 표현은
NO!   **I bought an aircon with 1 grade energy efficiency.**
'에어컨'은 aircon이 아니라 air conditioner가 맞는 표현이다. 또한 에너지 효율 '1등급'은 1 grade라고 하지 않고 level 1 또는 class 1이라고 표현한다.

저는 (공무원) 7급입니다.[4]

I'm grade 7, with one being the highest
seven
out of 9.
nine

공무원의 '7급'은 grade 7이다. '나는 7급이다'는 I'm grade 7. 또는 My grade is 7.이라고 하면 된다. 이때 '공무원은 9등급 체계인데 그중에서 1급이 가장 높다'는 점을 알려 주어야 7급의 조직 내 위치가 제대로 전달되므로, 뒤에 with one being the highest out of 9을 추가해 말하는 것이 좋다.

단, 한국의 공무원 직급 체계에 익숙하지 않은 네이티브와 이야기할 때는 '7급'이라고 말하기보다는 직급을 밝히지 않고 내 직책(position)을 말하는 것이 더 이해가 빠를 것이다. 예를 들어 내가 '팀장'을 맡고 있다면 grade 7 대신 a team manager 또는 the head of a team이라고 표현해도 좋다.

I'm a team manager in an employment center.
저는 고용센터 팀장입니다.

이런 표현은 NO! **I'm a team manager in Employment Center.**
여러 고용센터 중 한 개를 가리킬 때는 부정관사 an이 필요하고 소문자로 an employment center라고 쓴다. '서울고용센터'처럼 특정 센터를 언급할 때만 Seoul Employment Center처럼 대문자로 쓰고 부정관사를 붙이지 않는다.

학력별로는 고졸이 **47.1%**, 대졸 이상이 **28.7%**를 차지하고 있다.

By level of education, high school graduates and college graduates or above make up <u>47.1%</u> and <u>28.7%</u>, respectively.
forty-seven point one percent   twenty-eight point seven percent

'몇 퍼센트를 차지하다'라고 할 때는 〈make up + ~%〉로 표현한다. 이때 %는 단수형 percent로 읽고, 소수점은 point로 읽으면 된다. '대졸 이상'은 college degree and[or] higher라고 하는데, higher 대신 above나 over를 써도 된다. 집합적 관점에서 보면 '대졸자와 그 이상'을 다 포괄한다는 의미에서 접속사 and도 좋고, 개인적인 관점에서 보면 '대졸자 또는 대졸 이상자'이므로 접속사 or를 써도 좋다.

참고로 '고졸(고등학교 졸업자)'은 people with high school diploma 또는 high school graduates라고 하며, '대졸(대학 졸업자)'은 people with college degree 또는 college graduates라고 한다. 여기서 명사 graduate는 '(중등·고등·대학) 졸업자'를 뜻한다.

By academic degrees, high school graduates and college graduates or above make up 47.1% and 28.7%, respectively.

academic과 degree는 주로 대학 교육 이상에 쓰는 용어이므로 표제문과 맞지 않는다. '학력별로는'은 by level of education이나 by educational background라고 하는 것이 적절하다.

단체석은 6명 이상 되어야 사용할 수 있어.

We need to be a party of 6 or more to use a large table.

_{six}

PLUS+ We should be a party of more than 5 people to use a large table.

'몇 이상'은 〈숫자 + or more〉로 표현한다. 따라서 '6명 이상'은 6 or more라고 한다. '최소 6명'을 뜻하는 at least 6 people이라고 해도 된다. 단, more than 6 people은 '6명 이상'이 아니라 '6명 초과', 즉 '7명 이상'을 뜻하므로 more than 5 people이라고 해야 '6명 이상'이란 뜻이 된다.[5] 마찬가지로 more than 9 girls 는 '9명보다 많은 소녀들', 즉 '10명 이상의 소녀들(ten or more girls)'이란 뜻이다.

more than에는 '~이상'이란 뜻이 있지만, 시간 표현과 함께 쓸 때는 주의해야 한다. 예를 들어 It takes more than 3 hours.는 '4시간 이상 걸린다'가 아니라 '3시간은 족히 걸린다'라는 뜻이다. 사람은 반으로 자를 수 없으니 more than 5 people은 '6명 이상'이 될 수밖에 없지만, 시간은 얼마든지 잘게 나눌 수 있으므로 more than 3 hours는 '4시간 이상'이 아니라 '3시간 30분 이상', '3시간 10분 이상', '3시간 10초 이상' 등을 모두 뜻할 수 있기 때문이다.

We need to be 6 and more to use a large table.

6 and more는 '6명이면서 동시에 초과'라는 뜻이라 말이 안 되는 표현이다. 6 or more라고 고쳐야 한다. 접속사 and는 '사람'이 아니라 '구간'을 말할 때 사용 가능하다. 예를 들어 '18세 이상 누구나'를 anyone 18 years old and above라고 한다.

몇 이상/이하는
영어로 어떻게 말할까?

'이상', '이하', '초과', '미만'을 말할 때는 아래 표에서 보듯 전치사 above / over / under / below 또는 비교급 more / greater / higher 등 다양한 표현을 활용할 수 있다. 물론 아래 표현이 모두 항상 가능한 것은 아니고 맥락과 상황에 따라 그때그때 쓸 수 있는 표현이 다르다.

6 미만	6 이하	6	6 이상	6 초과
under 6	6 or[and] under	on 6	6 or[and] above	above 6
below 6	6 or[and] below	at 6	6 or[and] over	over 6
less than 6	6 or[and] less		6 or[and] more	more than 6
fewer than 6	not more than 6		6 or[and] higher	higher than 6
lower than 6	not exceeding 6		6 or[and] upward	greater than 6
in short of 6			not less than 6	exceeding 6

일상생활에서 자주 사용하는 '이상/이하'를 영어로 옮길 때는 특히 주의해야 한다. more than은 '초과'를 뜻하므로 '어떤 숫자 이상'을 말할 때는 or above를 활용하는 게 적절하다.

A score of 90 or above will get you an A.
90점 이상이면 너는 A를 받을 것이다.

You have to score 900 or above on the TOEIC.
너는 토익 900점 이상을 받아야 한다.

다만 일상적인 대화에서 이런 정도의 엄밀함을 요구하지 않는 경우, '이상/이하'는 more than / less than으로 표현하는 것이 자연스러울 때가 많다.

I waited for him for more than an hour yesterday.
나는 어제 그를 한 시간 이상 기다렸다.

Korean men work more than ten years beyond the official retirement age.
한국 남성들은 공식 퇴직 연령보다 10년 이상 더 일한다.

몇 이상 2 ▶ 189. MP3

코로나19에 걸린 사람 중에 절반 이상은 어떻게 걸리게 되었는지 모른다.

More than 50% of people who caught
fifty percent
COVID-19 don't know how they got it.
nineteen

'절반'은 half 또는 50%라고 한다. '절반 이상'은 수학적으로는 greater than or equal to 50%라고 표현하지만, 일상생활에서 이렇게 복잡하게 말하는 사람은 아무도 없다. 간단하게 more than 50%(50퍼센트 이상) 또는 more than half(절반 이상)라고 표현하면 된다. 따라서 '코로나19에 걸린 사람 중에 절반 이상'은 more than 50% of people who caught COVID-19이라고 한다.

물론 공식 문서처럼 '이상/이하'의 포함 여부를 분명히 해야 하는 경우에는 more than을 쓰지 않고 아래 문장처럼 정확하게 표현한다.

Private gatherings of 5 or more people are banned in Seoul because of COVID-19.
코로나19로 인해 서울에서 5명 이상 사적 모임은 금지되어 있다.

이런 표현은
NO!

Greater than or equal to 50% of people who were caught with COVID-19 don't know how they got it.

'절반 이상'을 greater than or equal to 50%라고 하는 게 의미상 맞긴 하지만, 일상 대화에서 말하기에는 너무 복잡한 표현이다. 아울러 '(코로나19에) 걸렸다'는 수동태 were caught with 가 아니라 능동태 caught을 쓴다.

스타벅스에게 한국은 세계에서 다섯 번째로 큰 시장으로,
78개 도시에 1,500개 이상의 매장을 운영하고 있다.

South Korea is Starbucks' 5th largest
fifth
market with over 1,500 stores across
fifteen hundred
78 cities.
seventy-eight

'1,500개 이상'은 1,500이란 수를 포함하는 개념이므로 1,500 or more가 가장
정확한 표현이다. 하지만 일상적인 대화에서는 more than 1,500 / greater than
1,500 / over 1,500라고 해도 문제가 없다. 이 표현들은 엄밀하게 말하면 1,500
은 포함되지 않지만, 위의 문장에서는 매장 수가 그만큼 많다는 의미일 뿐 맥
락상 1,500이 포함되느냐 되지 않느냐는 크게 중요하지 않기 때문이다. 참고
로 숫자 1,500은 읽을 때 one thousand five hundred라고 해도 되지만 fifteen
hundred라고 읽는 것이 더 일반적이다.

> **TIP**   **shop과 store의 차이**
>
> shop은 일반적으로 규모가 아주 작고 한 가지 종류의 물건만 판매하는 '가게'를 뜻한
> 다. 반면 store는 제법 크고 다양한 제품을 판매하는 '매장'을 가리킨다. 스타벅스는
> 매장이 제법 크므로 shop보다는 store를 쓰는 것이 더 어울린다.
> **I got it from a little antique shop.** 난 그거 아주 작은 골동품 가게에서 샀어.

 **South Korea is Starbucks' 5th largest market with above 1,500
stores across 78 cities.**

above는 위치, 순위, 지위, 높이 등이 '~보다 위'인 것을 뜻하므로 용법상 맞지 않는다. above
대신 over를 쓰면 맞는 문장이 된다.

평균 수명이 80세를 넘어섰다.

Life expectancy is over 80.
eighty

PLUS+ The average life span is above 80.

'평균 수명, 기대 수명'은 life expectancy 또는 the average life span이라고 한다. 이때 정관사 없이 life expectancy라고 쓰거나 소유격을 사용해 our life expectancy라고 해야 한다. the life expectancy라고 하려면 the life expectancy of Koreans(한국인의 평균 수명)처럼 다른 수식어구가 따라와야 한다. 한편 '80세를 넘어섰다'는 '(수량, 정도 등이) 넘어'라는 뜻의 전치사 over / above를 사용해 over 80 / above 80로 표현한다. 또는 '(특정 수치를) 넘어서다'를 뜻하는 동사 pass를 사용해 위의 문장을 Life expectancy has passed 80 years.라고 말할 수도 있다.

This multivitamin is recommended for men over **40.**
40대 이상의 남성들에게 이 종합영양제를 추천한다.
The vaccine proved to be safe for those above **18 years old.**
그 백신은 18세 이상 사람들에 대한 안전성이 증명되었다.

이런 표현은
NO! **Life expectancy is higher than 80 years old.**
주어가 사람인 경우에만 80 years old라고 쓸 수 있다. life expectancy가 주어일 때에는 80 years라고 하거나 80라고 숫자만 쓴다.

18세 미만은 (클럽) 입장이 불가합니다.

People under 18 cannot enter.
eighteen

PLUS+ People 18 years or older can enter.

'(몇 세) 미만'은 under / below를 활용해 표현할 수 있다. '18세 미만'은 people under[below] 18 years old라고 하는데, 뒤의 years old를 생략하고 간단히 people under[below] 18이라고만 해도 된다.
한편 '18세 미만은 입장이 불가하다'라는 말은 '18세 이상이면 입장할 수 있다'라고 바꿔 말할 수도 있다. '몇 세 이상'은 ~ year old and[or] older로 표현하므로 '18세 이상'은 18 years old and[or] older라고 한다.

Among elderly people 60 years old or older, the number of people who tested positive for COVID-19 is surging.
60세 이상 고령층에서 코로나19 확진자가 급증하고 있다.

이런 표현은 NO! **Admission is not allowed for people under 18.**
admission은 '(공연) 입장'을 나타내는 단어로, 클럽이나 술집, 영화관의 '입장'이란 뜻으로는 쓸 수 없다. '(클럽) 입장'은 entrance 또는 entry라고 한다.

PART 9

네이티브는
스포츠에서
이렇게 말한다

5 대 2 • 0 대 0으로 비기다 • (테니스) 6 대 0 • 3점슛 다섯 개 • 3점슛 성공률 • (야구) 7회 • 8회 말 • 투 아웃, 투 스트라이크, 쓰리 볼 • 1루, 2루, 3루 • 27안타 20득점 • 첫 타자 • 2번 타자 • 7이닝 • 4피안타 7탈삼진 • 볼넷 • 337타수 109안타 • 3할대의 타율 • 두 타 차로 • 첫 홀 • 파 5홀 • 80야드 터치다운 패스 • 27전 20승 3무 4패 • 6위 • 금메달 3관왕 • 월드컵 16강

맨유(MU)가 토트넘(Tottenham)한테 전반전에 2 대 0으로 지다가 후반전에 다섯 골을 넣어서 5 대 2로 이겼다.

MU was losing 2-0 against Tottenham in
two to zero
the first half but scored 5 goals in the
five
second half, resulting in a 5-2 victory.
five to two

대부분의 스포츠에서 '몇 대 몇'이라는 양 팀의 점수 사이에는 전치사 to를 사용한다. 따라서 '2 대 0'은 two to zero, '5 대 2'는 five to two라고 한다. '2 대 0'은 two to nothing이라고도 하는데, 영국식 영어에서는 경기의 '0점'을 nil이라고 하므로 two nil이라고도 한다. 참고로 한국에서는 점수를 '2 대 5'처럼도 말하지만, 영어에서 골 점수를 말할 때는 큰 숫자가 먼저 나오는 것이 일반적이다.
한편 축구의 '전반전'은 the first half, '후반전'은 the second half라고 한다.

He scored an opener in the 12th minute in the first half.[1]
그는 전반 12분에 선제골을 넣었다.
The Korean team scored a goal 10 minutes into the second half.
후반전 시작 10분 만에 한국이 골을 넣었다.

NO! MU lost 2-0 against Tottenham in the first half, but scored 5 goals in the second half, resulting in a 5-2 victory.

과거시제 lost를 쓰면 이미 경기가 '끝나 버린' 상황을 나타낸다. 과거 어느 순간의 상태를 나타내려면 과거진행시제 was losing을 써야 한다. 그래야 다른 요인에 의해 그 상태에 변화가 왔음을 나타낼 수 있다.

한국과 나이지리아는 0 대 0으로 비겼다.

Korea tied 0-0 with Nigeria.
zero zero
nil nil

PLUS+ The Korean team tied 0-0 with the Nigerian team.

점수가 동점인 경우, '3 대 3'은 three three라고 해도 되고 three all로도 읽는다. 마찬가지로 '0 대 0'은 zero zero로 읽는다. 참고로 축구에서는 0점을 표현할 때 (특히 영국식 영어에서) nil을 곧잘 사용하므로 '0 대 0'은 nil nil이라고 해도 된다. 한편 '(경기에서) 비기다'는 tie 또는 end in a draw로 표현하는데, 〈Korea + tied〉 또는 〈The game + ended in a draw〉 형태를 취한다. 동사 tie는 '(끈을) 묶다, 매다'라는 뜻인데 '비기다, 무승부를 이루다'라는 뜻으로도 쓰인다. '~와 몇 대 몇으로 비기다'는 〈tie + 점수 + with + 상대 팀〉 형태로 표현하면 된다.

The game ended in a 3-3 [three three / three all] **draw.**
그 경기는 3 대 3으로 비겼다

Korea tied 2-2 [two two / two all] **with Japan in the World Cup qualifier.**
월드컵 예선전에서 한국과 일본이 2 대 2로 비겼다.

NO! **The Korean team tied nil all with the Nigerian team.**
점수를 말할 때 '2 대 2'는 two all, '3 대 3'은 three all이라고 할 수 있지만, '0 대 0'은 nil all이라고 하지 않는다. nil nil이라고 해야 한다.

그녀는 준준결승전 첫 세트를 6 대 0으로 이겼다.

She won the first set 6-0 in the quarterfinals.

six to love
six to zero

PLUS+ She won the first set six games to love in the quarterfinals.

테니스는 point(점수) → game(경기) → set(세트) → match(시합)로 이어지는 복잡한 점수 체계를 갖고 있다. 각 game의 point는 1점, 2점이 아니라 0점(love), 15점(fifteen), 30점(thirty), 40점(forty)으로 올라가는데, point를 따서 6게임(6 games)을 먼저 이기면 1세트(1 set)를 얻게 된다. 그리고 3세트 중 2세트 또는 5세트 중 3세트를 먼저 얻는 선수가 그 시합(match)을 이기게 된다.
'첫 (번째) 세트'는 the first set라고 하며, 테니스에서는 '0점'을 love라고도 하므로 '6 대 0'을 six (to) love / six games to love라고 흔히 말한다. 물론 six (to) zero라고 해도 된다.

> **TIP**   테니스에서 0점을 love라고 부르는 이유
> 테니스에서 0점을 부르는 love라는 명칭은 '달걀' 뜻하는 프랑스어 l'œuf(뢰프)에서 유래되었다는 설이 가장 유력하다. 숫자 0이 달걀과 모양이 비슷해 프랑스에서 0점을 '뢰프'라고 불렀다가 영국으로 넘어가면서 비슷한 발음인 '러브'로 바뀌게 되었다는 것이다.

 이런 표현은
NO! **She won the first set 6-0 in the semi semi final.**
'준준결승전'은 '8강전'을 뜻하며 quarterfinal이라고 한다. 준준결승전은 복수로 개최되므로 복수형으로 the quarterfinals라고 해도 좋고, 선수가 경기한 '준준결승전'을 가리킬 수도 있으므로 단수형으로 the quarterfinal이라고 해도 좋다.

종목마다 제각각인
스포츠 용어

스포츠는 종목에 따라 동일한 역할이나 대상을 다르게 부르는 경우가 많다. 양쪽이 맞붙는 '경기, 시합'을 테니스와 복싱에서는 match라고 하지만, 야구나 농구, 미식축구에서는 game이라고 한다. 축구에서는 주로 match라고 말하지만 game이라고도 한다. 주로 영국에서 기원한 스포츠는 match, 미국에서 기원한 스포츠는 game이라고 쓰는 경향이 있다. 한편 골프에서는 round라는 용어를 쓴다.[2]

스포츠마다 점수(score)의 단위 또한 달라서 축구는 goal, 야구는 run, 미식축구나 농구는 point, 골프는 stroke라고 한다.

'경기장'을 나타내는 단어도 다르다. '축구장'은 soccer field(영국식 영어로는 football pitch), '미식축구장'은 football field, '농구장'은 basketball court, '골프장'은 golf club 또는 country club이다. '야구장'은 baseball diamond 또는 baseball field라고 하는데, '수만 명을 수용하는 프로야구 경기장'은 ballpark라고도 부른다.

각 스포츠에 종사하는 사람을 일컫는 명칭도 다양하다. '감독'을 축구와 야구에서는 manager라고 하지만, 미식축구와 농구에서는 head coach라고 부른다. '심판'은 축구, 농구, 복싱에서는 referee, 야구와 테니스에서는 umpire라고 한다. 특이하게도 미식축구에는 심판이 맡은 역할에 따라 referee, umpire, judge가 전부 존재한다.

한편 '연장전'도 스포츠에 따라 부르는 명칭이 다르다. 야구는 extra inning, 축구나 미식축구, 농구는 overtime, 골프는 playoff, 테니스는 tie break라고 말한다. 그래서 축구에서 '경기가 무승부여서 연장전에 돌입했다'라고 할 때는 The game went into overtime because it was tied.라고 하지만, 야구에서 '경기가 연장전에 돌입했다'라고 할 때는 The game went into extra innings.라고 한다.

농구(3점슛)   ● 196. MP3

그녀는 3점슛 다섯 개를 포함해 23득점을 했다.

She scored <u>23</u> points, including five
twenty-three
<u>3</u>-point shots.
three

PLUS+   She scored 23 points, including 5 three-pointers.

'3점슛', '점프슛', '중거리슛'처럼 농구나 축구에서 공을 골대로 던지거나 차는 것을 한국에서는 '슛'이라고 부른다. 하지만 영어로는 shoot이 아니라 shot이 맞는 표현이다. shoot은 동사로 '슛을 하다'란 뜻이고, '슛'을 뜻하는 명사는 shot이기 때문이다. 농구의 점수 단위는 point인데, '3점슛'은 three-point shot이라고 하거나 three-pointer라고 한다. 마찬가지로 '2점슛'은 two-point shot 또는 two-pointer라고 한다. '3점슛 다섯 개'는 앞에 수량을 넣어 five 3-point shots라고 하면 된다.[3]

He scored 15 two-pointers and 1 three-pointer in the game.
그는 그 경기에서 2점슛 15개, 3점슛 1개를 기록했다.

His 3-pointer turned the game around.
그의 3점슛이 경기의 흐름을 뒤집었다.

 She scored 23 goals, including 5 pieces of 3-point shoots.
NO! 농구의 '점수'는 goal이 아니라 point이다. 또한 농구의 '슛'은 shoot이 아니라 shot이므로 '3점슛 다섯 개'는 five 3-point shots라고 해야 한다.

그의 3점슛 성공률은 **39.2%**, 야투 성공률은 **42.2%**, 자유투 성공률은 **97%**이다.

His three-pointers percentage is 39.2%,
thirty-nine point two percent
field goals 42.2%, and free throws 97%.
forty-two point two percent　　　　　　　　　　　ninety-seven percent

'성공률'을 success rate라고 말해도 의미가 통하기는 하지만, 일반적으로는 '백분율'을 뜻하는 percentage를 사용한다. '3점슛 성공률'은 three-pointers percentage, '야투 성공률'은 field goals percentage, '자유투 성공률'은 free throws percentage라고 한다. 다만 위의 문장처럼 이들을 병렬적으로 나열하는 경우에는 percentage를 중복해서 쓸 필요가 없으므로, 맨 처음에 한 번만 말해 주면 된다.

> **TIP**　　　　　　　　　**농구의 다양한 득점 방식**
>
> 농구는 공을 넣는 방식에 따라 얻을 수 있는 득점이 다르다. 반칙을 당했을 때 던지는 자유투(free throw)는 1점, 일반적인 야투(field goal)는 2점, 그리고 3점 라인 밖에서 던지는 3점슛(three-pointer)은 3점을 얻는다.

His success rate for three-pointers is 39.2%, that of regular shots 42.2%, and that of free shots 97%.

'야투'는 field goals, '자유투'는 free throws가 맞는 표현이다. 또한 his success rate는 병렬적으로 나열되는 문장에서는 처음에 언급한 뒤 생략한다. 따라서 that of는 빼고 말해도 괜찮다.

그는 7회에 대타로 나선 타석에서 안타를 쳤다.

He went to bat as a pinch hitter in the seventh inning and got a hit.

PLUS+ He got a hit while pinch-hitting in the seventh inning.

야구에서 공격과 수비를 주고받는 '한 회'를 inning이라고 한다. 야구 경기는 총 9회로 진행되는데, '몇 회'라고 할 때는 〈the + 서수 + inning〉으로 표현한다. 따라서 '7회'는 the seventh inning이다.

참고로 '안타를 치다'는 get a hit / make a hit / hit safely라고 하며, '3루타를 치다'는 get a triple, '홈런을 치다'는 hit a homer라고 한다. '홈런'은 home run 또는 homer라고 하는데, 주자(runner) 없이 1점을 획득하는 홈런을 solo homer, 주자가 1명 있어서 2점을 획득하는 홈런을 two-run homer, 주자가 2명 있어서 3점을 획득하는 홈런을 three-run homer라고 한다. 한편 4점을 얻을 수 있는 '만루 홈런'은 grand slam이다.

He got a triple with the bases loaded.
그는 주자 만루 상황에서 3루타를 쳤다.
He hit a homer in his first at bat.
그는 첫 타석에서 홈런을 쳤다.

 이런 표현은
NO! **He went to bat as a pinch hitter in the seventh inning and hit the ball.**
hit the ball은 그냥 '공을 쳤다'라는 뜻이지 '안타를 쳤다'라는 뜻은 아니므로, 표제문의 내용에 맞게 하려면 got a hit 또는 made a hit이라고 고쳐야 한다.

그는 8회 말에 삼진 아웃당했다.

He was struck out in the bottom of the eighth inning.

PLUS+ He struck out in the bottom of the eighth.

야구에서는 각 회(inning)마다 양 팀이 수비와 공격을 번갈아 가면서 한다. 그 것을 '초'와 '말'이라고 칭하는데, 영어로 몇 회 '초'는 top, 몇 회 '말'은 bottom 이라고 한다. 예를 들어 '8회 초'는 the top of the eighth inning, '8회 말'은 the bottom of the eighth inning이다. 여기서 inning을 생략하고 말하기도 한다. '8 회 말에'라고 할 때는 전치사 at / in / during을 사용할 수 있는데, at은 '위치' 개념이 강하므로 전치사 in을 쓰는 것이 더 좋다.

참고로 동사 strike out은 자동사와 타동사로 모두 쓰이므로 '삼진 아웃당하다, 삼진 아웃시키다'란 뜻을 둘 다 나타낸다. 따라서 '그는 삼진 아웃당했다'는 He struck out / He was struck out을 둘 다 쓸 수 있다.

The pitcher struck out **three batters.**
그 투수는 타자 세 사람을 삼진 아웃시켰다.
All three batters struck out.
타자 세 사람이 모두 삼진 아웃당했다.

이런 표현은 **NO!** **He was out by 3 strikes during the end of eight round.**
'삼진 아웃당했다'는 was out after 3 strikes라고 해야 맞는 표현이 된다. 또한 '8회 말에'는 end가 아니라 bottom을 써서 during the bottom of the eighth라고 해야 한다.

9회 말, 투 아웃, 투 스트라이크, 쓰리 볼이며 주자는 1루와 2루에 있습니다.

In the bottom of the <u>9th</u>, the count is
ninth

three balls, two strikes, and two outs

with runners at first and second.

한국과 미국은 야구의 볼 카운트 세는 순서가 정반대이다. 한국에서는 아웃, 스트라이크, 볼 순으로 말하지만, 영어에서는 반대로 ball, strike, out 순으로 말한다. 따라서 '투 아웃, 투 스트라이크, 쓰리 볼'은 three balls, two strikes, and two outs라고 한다. 간단하게 줄여서 three, two and two outs라고 말하기도 한다. 참고로 볼과 아웃은 하나씩 있고, 스트라이크가 없을 때는 one ball, no strikes, and one out처럼 말한다.

한편 '1루'는 first base, '2루'는 second base, '3루'는 third base라고 하는데 base는 생략할 수도 있다. '몇 루에'라고 할 때는 앞에 전치사 at / on을 붙인다.

He went to first when he was hit by a pitch.
그는 데드볼로 1루에 진출했다.

The runner on first base advanced to second on a wild throw by the shortstop.
유격수의 악송구로 1루 주자가 2루까지 갔다.

이런 표현은 **NO!** In the end of 9th inning, it's three balls, two strikes, and two outs now, and players are at the first and second base.

야구의 '회'는 inning, '초'는 top, '말'은 bottom이다. 따라서 '9회 말'은 in the bottom of the 9th inning이라고 해야 한다. 또한 야구의 '주자'는 player가 아니라 runner라고 한다.

SSG 랜더스가 원정 경기에서 27안타 20득점으로 NC 다이노스를 대파했다.

The SSG Landers hammered the NC Dinos with 20 runs and 27 hits in an away game.

<small>twenty</small> <small>twenty-seven</small>

야구에서 '안타'는 hit, '득점'은 run이라고 한다. '몇 안타 몇 득점'이라고 할 때 영어로는 안타보다 득점을 먼저 말하는 것이 일반적이므로 '27안타 20득점'은 20 runs and 27 hits라고 하는 것이 자연스럽다. run과 hit이 명사로 쓰일 때는 둘 다 가산명사이므로 이때는 복수형으로 써야 한다.

> **TIP** '원정 경기'를 영어로 뭐라고 할까?
>
> 야구나 축구 등 리그전(round-robin tournament)을 치르는 스포츠는 매 경기마다 '홈 팀(home team)'과 '원정 팀(away team)'이 있다. 이때 상대방 팀의 연고지에 가서 원정 팀으로서 참여하는 경기를 away game(원정 경기)이라고 한다.

SSG Landers heavily defeated NC Dinos in an away game on 27 hits and 20 scores.

야구 구단 이름 앞에는 정관사 the를 붙인다. 따라서 the SSG Landers / the NC Dinos라고 써야 한다. 또한 야구의 '득점'은 score가 아니라 run이라고 한다.

첫 타자는 땅볼로 아웃이었고, 두 번째 타자는 뜬공이었다.

The first batter made an out with a ground ball, and the second batter hit a fly ball.

야구에서 공을 치는 '타자'를 batter라고 한다. 공을 처음 치는 '첫 타자'는 the first batter, '두 번째 타자'는 the second batter이다.

한편 '땅볼'은 ground ball / grounder, '뜬공'은 fly ball / pop fly / pop up이라고 한다. '땅볼로 아웃되다'는 make an out with a ground ball이라고 하거나 동사 ground out을 사용한다. '뜬공으로 아웃되다'는 hit a fly ball이라고 하거나 동사 fly out / pop up을 사용해 표현한다. 참고로 out은 부사로 '(공이) 아웃되어'란 뜻도 있고 명사로 '아웃' 자체를 뜻하기도 한다. 가산명사이므로 an out / two outs처럼 쓴다.

With two outs, the Korean team got a hit and scored.
투 아웃 상황에서 한국팀은 안타를 쳐서 득점을 했다.

The first batter grounded out and the second batter flew out.
동사 fly는 의미에 따라 과거형, 과거분사형의 형태가 다르다. '날다'란 뜻으로는 fly-flew-flown이지만, '(공을) 높이 쳐 보내다'란 뜻으로는 fly-flied-flied가 맞는 형태이다. 여기서는 flew out이 아니라 flied out이라고 해야 한다.

2번 타자가 유격수 실책으로 3루까지 진루했다.

Batter No. 2 ran to third base due to the
number two
shortstop's error.

PLUS+ Batter No. 2 got to third due to the shortstop's error.

공격팀의 '몇 번 타자'는 〈batter No. + 숫자〉로 표현한다. 따라서 '2번 타자'는
batter No. 2라고 한다. No.는 number라고 읽으면 된다.
한편 공격팀의 '1번 타자'는 batter No. 1 또는 leadoff라고 하며, '4번 타자'는
batter No. 4 또는 cleanup이라고 한다. cleanup의 사전적 의미는 '대청소, 소탕'
인데, 4번 타자는 세 명의 타자가 1, 2, 3루에 진출해 있을 때 홈런을 치면 이들
을 홈으로 싹 불러들일 수 있는 역할을 하므로 이런 별칭이 붙었다.

> **TIP** **야구 포지션을 나타내는 영어 표현**
>
> 야구의 수비팀 포지션은 총 아홉 개로 이루어져 있다. 먼저 공을 던지는 '투수'
> 는 pitcher, 공을 받는 '포수'는 catcher이다. '유격수'는 shortstop, '1루수'는 first
> baseman, '2루수'는 second baseman, '3루수'는 third baseman, '중견수'는 center
> fielder, '우익수'는 right fielder, '좌익수'는 left fielder라고 한다.
> **He's the first baseman for the team.** 그는 팀에서 1루수를 맡고 있다.

NO! **Batter No. 2 ran to the third base thanks to the shortstop's
mistake.**

'3루'는 정관사 없이 third base라고 하거나 base를 생략하고 third라고 써야 한다.

그는 7이닝 동안 난타를 당했지만 2점만 허용했다.

There were a lot of hits, but he only
allowed <u>2</u> runs over seven innings.
two

야구의 '한 회'를 나타내는 inning은 가산명사이므로 '7이닝'은 seven innings라고 한다. '7이닝 동안'은 〈전치사 in / over / out of + seven innings〉라고 하면 된다. 한편 야구의 '득점'은 run이라고 하므로 '2점'은 2 runs이다.

참고로 '난타를 당했다'는 there were a lot of hits라고 해도 좋지만, 주어를 사람으로 삼아 he suffered from a lot of hits / he was pounded with a lot of hits 라고 해도 좋다. pound는 타동사로 '(문 등을) 마구 치다[두드리다]'라는 뜻인데, 수동태로 쓰면 난타당하는 느낌을 제대로 묘사할 수 있다.

He threw 12 innings in six games.
그는 여섯 경기에서 12이닝을 던졌다.
He pitched two and one-third innings.
그는 2와 1/3 이닝을 투구했다.

He only allowed 2 runs out of many hits over seven innings.

out of 뒤에는 many hits가 아니라 21 hits처럼 구체적인 수량어구(quantifier)가 필요하다.
He only allowed 2 runs out of 21 hits over seven innings.라고 해야 맞는 문장이 된다.

그는 7이닝 동안 4피안타 7탈삼진 무실점의 호투를 펼쳤다.

He pitched seven innings with 4 hits,
four
7 strikeouts, and no runs allowed.
seven

'안타'는 hit, '삼진'은 strikeout이고, '무실점'은 득점(run)이 없는 것이므로 no runs라고 하면 된다.

야구에서 투수가 타자에게 안타를 허용하는 것을 '피안타', 세 번의 스트라이크로 타자를 아웃시키는 것을 '탈삼진'이라고 한다. 그런데 영어에서는 투수 관점에서의 '피안타', '탈삼진'을 타자 관점에서의 '안타', '삼진'과 별도로 구분하지 않는다. 따라서 위의 문장은 '투수가 4개의 안타를 허용했다', '투수가 7개의 삼진을 잡았다'로 바꿔서 He allowed 4 hits / He got 7 strikeouts라고 말해도 된다. 그러나 '4개의 안타, 7개의 삼진, 무실점을 하면서 7이닝 투구를 했다'라는 의미이므로 〈with 부대구문〉을 활용해 표현하는 것이 가장 자연스럽다. 따라서 with 4 hits, 7 strikeouts, and no runs allowed라고 옮기면 된다.

 He pitched seven innings and got 4 hits and 7 strikeouts, but lost zero score during those innings.
표제문을 직역한 것인데 틀렸다. 〈with 부대구문〉을 활용해서 with 4 hits, 7 strikeouts, and no runs allowed라고 표현하는 것이 자연스럽다.

그 타자는 볼넷으로 **1루에 진출했다.**

The batter went to first base on four balls.

PLUS+ The batter got to first on a walk.

야구 용어로서의 '볼(ball)넷'은 타자가 타석에서 4개의 볼을 골라 1루에 진출하는 것을 말한다. 영어로는 이를 base on balls 또는 a walk라고 한다. four balls는 '(스트라이크가 아닌) 볼 4개'라는 뜻이므로 야구 용어로서의 '볼넷'을 뜻하지는 않는다.

다만 문장에서는 four balls를 사용해 '볼넷'을 표현하는 건 얼마든지 가능하다. 예를 들어 '볼넷으로 1루에 진출하다'는 go[get] to first base on[after] four balls라고 하면 된다. '볼넷'이 되기 위해서는 '스트라이크가 아닌 볼 4개'를 골라야 하는 것이 야구를 아는 사람에게는 당연한 상식이므로, on four balls에서 four를 생략하고 on balls라고만 해도 된다. 물론 앞에서 말한 대로 '볼넷'을 뜻하는 표현인 on a walk로 표현하는 것도 괜찮다.

이런 표현은 **The batter went to the first base for four balls.**
NO! '1루'는 정관사 없이 first base 또는 first라고 한다. 따라서 '1루에 진출했다'는 went to first base / went to first라고 해야 한다.

근거를 알 수 없는
스포츠 관련 콩글리시

스포츠에서 사용하고 있는 콩글리시 표현은 상상을 초월할 정도로 많다. 야구만 해도 '볼넷'은 four balls가 아니라 base on balls, '데드볼(사구, 몸에 맞은 볼)'은 dead ball이 아니라 hit by pitch(HBP)가 맞는 표현이다.

골프 용어에도 콩글리시가 많이 있다. 스포츠 용어와 관련된 콩글리시 중에는 멀쩡한 명사를 두고 동명사(V-ing)로 잘못된 단어를 만드는 경우가 꽤 있다. '라운딩'은 round가 맞는 표현이며, '퍼팅' 역시 putt이 맞는 말이다. 퍼팅한 공이 홀에 들어갔을 때 하는 말인 '나이스 인'이라는 말도 콩글리시인데, 이때 네이티브는 It's in the hole. Good putt.이라고 말한다. 참고로 각 홀에서 처음 티샷하는 사람을 '오너'라고 하는데, 이는 owner가 아니라 사실은 honor이다.

I holed a seven-meter putt on 14.
나는 14번 홀에서 7미터 퍼팅을 성공시켰다.

한국에서 인기가 많은 축구에도 콩글리시 용어가 많다. '헤딩'은 heading이 아니라 header가 맞는 표현이며,[4] 공이 들어갔음을 뜻하는 '골인'은 goal in이 아니라 그냥 goal이다. 영어 스포츠 뉴스를 듣다 보면 해설자가 공이 들어갔을 때 '골인입니다!'라는 의미로 Goal! 또는 It's a goal!이라고 하는 것을 들을 수 있다. 한 경기에서 한 선수가 3점을 득점하는 것을 뜻하는 '헤드트릭'은 hat trick이 맞는 단어이며, 정규 경기 시간 종료 후 심판 재량으로 부여하는 추가 경기시간을 뜻하는 '루즈 타임'은 injury time이다. 또한 한국에서는 페널티킥(penalty kick)과 승부차기(kicks from the penalty mark)를 구분하지 않고 모두 PK라고 표기하는데, '승부차기'는 penalty shootout이라고 하므로 약어로는 PSO라고 표기해야 한다.

That striker made all of his three goals by headers.
그 공격수는 세 골을 모두 헤딩으로 넣었다.

France beat Italy 5-4 [five to four] **in a penalty shootout.**
승부차기 끝에 프랑스가 이탈리아를 5 대 4로 눌렀다.

그는 지난 시즌에 337타수 109안타를 쳤다.

He got <u>109</u> hits in <u>337</u> at bats last season.
one hundred nine   three hundred thirty-seven

PLUS+   He got hits in 109 out of 337 attempts last season.

'타수'는 at bat, '안타'는 hit인데, '몇 타수 몇 안타'를 영어로 말할 때는 안타를 타수보다 먼저 쓴다. 따라서 '337타수 109안타를 치다'는 get 109 hits in 337 at bats라고 하면 된다.

참고로 타수(打數, at bat)는 타석(打席, plate appearance) 수와는 구별되는 개념이다. 타석수는 타자(batter)가 공을 치려고 타석에 선 횟수를 말하는데, 타석수에서 볼넷(base on balls), 몸에 맞는 공(hit by pitch), 희생플라이(sacrifice fly) 등을 뺀 것이 '타수'이다.

He got three hits in four at bats today.
그는 오늘 4타수 3안타를 쳤다.

NO!

He shot 109 hits in 337 at bat for the last season.
'109안타를 쳤다'라고 할 때는 동사 shot을 쓸 수 없고, got 109 hits / made 109 hits / hit 109이라고 표현한다. 한편 '지난 시즌에'는 in / during / over the last season이라고 하거나 그냥 last season이라고 해야 한다.

그는 시즌 내내 3할대의 타율을 유지하고 있다.

He has kept his batting average over

.300 throughout the season.
three hundred

PLUS+ He's been keeping his batting average over .300 this season.

'타율(batting average)'은 안타(hit) 수를 타수(at bat)로 나눈 값을 말한다. 예를 들어 337타수 109안타를 쳤다면 그 선수의 타율은 〈109 ÷ 337 = 0.323〉으로 계산해 '3할 2푼 3리'가 된다. 이것을 영어로는 .323라고 표기하는데, 보통 두 자리씩 끊어서 three twenty-three라고 읽는다.

> **He has a batting average of** .323 [three twenty-three].
> **He has a** .323 [three twenty-three] **batting average.**
> **His batting average was** .323 [three twenty-three].
> 그 선수의 타율은 3할 2푼 3리이다.

'3할대의 타율'은 그의 타율이 .300에서 .399 사이에 있다는 말이다. 따라서 his batting average over .300 / his batting average of over .300 / his batting average in the .300s라고 말하면 된다.

NO! **He keeps a high .300 batting average during the whole season.**
a .300 batting average는 '3할 0푼 0리 타율'을 뜻하는데, a high .300 batting average는 '높은 3할대(대략 .365~.399)'라는 뜻이므로 표제문과 맞지 않는다. 또한 현재 일어나고 있는 일이므로 현재진행 시제나 현재완료 시제 또는 현재완료진행 시제로 써야 한다.

그는 두 타 차로 본선 진출에 실패했다.

He didn't make it to the main round by two strokes.

PLUS+ He was short of making the main round by two strokes.

골프에서 공을 치는 '타구, 몇 타'는 stroke라고 한다. '~의 차이로'를 나타낼 때는 전치사 by를 사용하므로 '두 타 차로'는 by two strokes라고 한다. 위의 문장은 달리 말하면 '본선에 진출하기에는 두 타가 부족했다' 뜻이므로 〈형용사 short / shy + 전치사 of〉 조합을 사용해 He was short[shy] of making the main round by two strokes.라고 할 수도 있다. 여기서 short / shy는 '부족한'이라는 뜻으로 쓰인 것이다.

한편 골프는 타수가 낮을수록 이기는 스포츠이다. '두 타 차로 본선 진출에 실패했다'란 말은 통과타수(cutoff)가 69타인데, 2타를 더 많이 쳐서 71타를 쳤다는 말이다. 따라서 '그가 두 타를 더 쳤기 때문에 본선에 진출하지 못 했다'란 의미로 He shot two over and didn't advance to the main round.라고 할 수도 있다.

이런 표현은
NO!

He failed to go to the main round because he lacked two strokes.
〈lack + 숫자〉는 '(숫자)가 부족하다'라는 뜻이며 필요한 수량에 미치지 못 한다는 말이므로 표제문에 맞지 않는다. lack은 예를 들어 She lacks five votes to win.(그녀는 다섯 표가 모자라서 졌다.)처럼 투표 등의 수량이 부족할 때 쓸 수 있는 표현이다.

그는 첫 홀에서 **트리플 보기를** 범했다.

He scored a triple bogey on the first hole.

PLUS+ He stumbled to a triple bogey on the first hole.

'첫 홀에서'는 전치사 on을 써서 on the first hole이라고 한다. 홀 번호는 〈the + 서수 + hole〉이라고 하거나 hole 뒤에 번호를 붙여 〈hole + 기수〉로 나타낸다. 따라서 '1번 홀'은 the first hole 또는 hole 1이라고 한다.
참고로 홀에서 기준 타수보다 1타 많게 공을 홀에 넣는 것을 bogey라고 하는데, 2타 많은 것은 double bogey, 3타 많은 것은 triple bogey라고 한다. 이처럼 한국 골프 용어 중에는 영어 표현을 그대로 가져온 표현이 많다. 예를 들어 '파를 했다'는 parred, '보기를 했다'는 bogeyed, '더블을 했다'는 doubled, '트리플 보기를 했다'는 triple-bogeyed, '쓰리 펏을 했다'는 three-putted, '버디를 하다'는 birdied라고 한다.

I parred hole 6.
나는 6번 홀에서 파를 했다.
I three-putted on hole 6.
나는 6번 홀에서 쓰리 펏을 했다.
I birdied the par-5 eleventh hole.
나는 파5 11번 홀에서 버디를 했다.

이런 표현은
NO! **He scored a triple bogey in the first hole.**
in the first hole에서 전치사 in이 틀렸다. '첫 홀에서'는 〈전치사 at / for / on + the first hole〉이라고 표현한다.

그녀는 파 5홀에서 투 온했다.

She got on the green in 2 shots on a
<u>two</u>

par-5 hole.
<u>five</u>

PLUS+ She is on the green in 2 on a par-5 hole.

골프에서 '파(par)'는 각 홀에 정해진 규정 타수를 말한다. '파 5홀'은 규정 타수가 5타인 홀, 즉 다섯 번 쳐서 홀 컵에 볼을 넣는 게 기준이 되는 코스를 뜻한다. 영어로는 par-5 hole 또는 줄여서 par 5라고 한다.

한편 파 5홀에서는 그린에 공을 보통 3타만에 올리는데, 2타만에 올린 것을 두고 한국에서는 '투 온(two on)'했다고 한다. 하지만 이것은 사실 콩글리시이다. 영어로는 '2타만에 그린에 올리다'라는 의미로 get on the green in 2 shots라고 표현한다. 여기서 shots를 생략하고 get on the green in 2라고만 해도 된다.

이런 표현은 **NO!** **She succeeded in two on in a par 5 hole.**
two on은 영어에서는 안 쓰는 말이다. '2타만에'는 〈전치사 in + two shots〉라고 하고, '파 5홀에서'는 〈전치사 on + a par-5 hole〉이라고 한다. 여기서 전치사 in은 '~정도만큼 걸려서'란 뜻이고, on은 '해당 홀을 플레이하고 있는 중'이란 뜻이다.

샌프란시스코 포티나이너스의 신예 쿼터백 트레이 랜스가 80야드 터치다운 패스를 성공시켰다.

San Francisco 49ers' rookie quarterback
forty-niners
Trey Lance threw an 80-yard touchdown
eighty
pass.

yard(야드)는 약 0.9미터에 해당하는 길이 단위로, 골프와 미식축구에서 많이 사용된다. 미식축구 경기장은 길이가 총 100야드인데, 5야드 간격으로 선이 그어져 있다. touchdown(터치다운)은 미식축구에서 공을 들고 경기장 끝(end zone)까지 달리는 것으로, 성공하면 6점을 얻는다. 쿼터백이 패스한 공을 와이드리시버가 받아 경기장 끝까지 달려가서 터치다운에 성공하는 것을 '터치다운 패스'라고 한다. '80야드 터치다운 패스'는 패스 거리와 달려간 거리의 합계가 80야드라는 뜻인데, 영어로는 an 80-yard touchdown pass라고 해도 되고 a pass for an 80-yard touchdown이라고 해도 좋다. 이때 80-yard는 형용사적 용법으로 쓰였으므로 단수형 yard로 말한다.

> **TIP**　　　　'신예'를 영어로 뭐라고 할까?
>
> 스포츠의 신예, 신인 유망주를 영어로는 rookie라고 한다. rookie의 사전적인 의미는 '신입'을 뜻하지만, 스포츠에서 rookie는 성장 잠재력이 큰 신입 선수를 뜻한다. 따라서 '신예 쿼터백'은 rookie quarterback이라고 하면 된다.

─────────

이런 표현은
NO! San Francisco 49ers' new quarterback Trey Lance made success 80 yards touchdown pass.

'신예'는 rookie라고 하며, made success는 쓰지 않는 어구이므로 틀렸다. completed a pass for an 80-yard touchdown처럼 고치면 좋은 문장이 된다.

그는 통산 27전 20승(11 KO) 3무 4패를 기록했다.

He got 20 wins(11 KOs), 4 losses, and
twenty   eleven   four
3 ties out of 27 matches.
three   twenty-seven

복싱의 '시합'은 match이다. '27전', 즉 '27시합 중에서'는 out of 27 matches / among 27 matches / in 27 matches라고 한다. 한편 '승'은 win / victory, '무'는 tie / draw, '패'는 loss / defeat라고 하는데, win / tie / loss가 일반적으로 많이 쓰인다. 한국어로는 '몇 승 몇 무 몇 패'처럼 말하지만, 영어에서는 무승부가 난 횟수를 제일 뒤에 넣어 win-loss-tie(승-패-무) 순서로 말해야 한다. 또는 victory-defeat-draw 순서로 He achieved 20 victories(11 KOs), 4 defeats, and 3 draws out of 27 matches.라고 말해도 된다. 참고로 미국 스포츠 문화에서는 경기가 열리면 반드시 승패를 가려야 한다는 생각이 지배적이기 때문에 무승부가 나는 일이 매우 드물다고 한다.

한편 KO는 knockout의 줄임말인데, 복싱에서 상대 선수를 쓰러트려 더 이상 경기를 진행하지 않고 승리하는 것을 말한다. 복수형은 KOs이며 읽을 때는 [케이오즈]라고 발음한다.

이런 표현은
NO!
He recorded 27 games 20 victories(11KO), 3 draws and 4 defeats.
표제문에 나온 '기록했다'를 그대로 직역해서 recorded라고 하면, 어딘가에 무슨 내용을 기록했다는 뜻이 되어 말이 안 된다. 대신 got / achieved / acquired / attained로 표현하면 된다.

그는 준결승에 나선 **16**명의 수영선수 중에서 6위를 차지해
결승에 진출했다.

He took 6th place among the 16 swimmers
sixth   sixteen
who participated in the semifinals, and
advanced to the final.

스포츠에서 순위는 〈서수 + place〉로 나타내므로 '6위'는 6th place라고 한다.
'6위를 차지했다'는 동사 take나 be동사를 써서 took 6th place / was in 6th
place라고 하거나, 동사 place / come in / finish를 써서 placed 6th / came in
6th / finished 6th라고 표현하면 된다.
한편 '몇 명 중에서'라고 할 때는 전치사 among 또는 out of를 사용한다. 따라
서 '16명의 수영선수 중에서'는 among the 16 swimmers 또는 out of the 16
swimmers라고 한다. swimmer는 '수영하는 사람'을 뜻하는데, 아마추어나 프
로 수영선수를 뜻할 수도 있고 어쩌다 한 번씩 수영하는 사람을 뜻하기도 하는
단어이다.

이런 표현은 **NO!** He took 6th place among 16 swimmers who participated in the
semifinal game and advanced to the final.

'준결승'은 game 없이 그냥 the semifinals라고만 하면 된다. 또한 game은 상대방과 직접 부
딪쳐서 실력을 겨루는 경기에만 사용된다. 수영에서는 competition이라고 한다.

그는 아시안 게임에서 금메달 3관왕을 차지한 두 번째 한국인이다.

He is the second Korean who won three gold medals in the Asian Games.

'금메달을 따다'를 win a gold medal이라고 한다. '금메달 3관왕을 차지하다' 는 '3개의 금메달을 따다'로 풀어서 win three gold medals라고 표현하면 된다. 한편 '금메달 3관왕'을 triple gold medalist 또는 three-time gold medalist라 고 할 수도 있다. 따라서 He is the second Korean who is a three-time gold medalist in the Asian Games.라고 해도 좋다. 마찬가지로 '2관왕'은 two-time gold medalist, '4관왕'은 four-time gold medalist라고 말할 수 있다.

She is a four-time gold medalist in the Olympics.
그녀는 올림픽 금메달 4관왕이다.

이런 표현은 **NO!** He is the second Korean who won triple gold medals in Asian games.
'아시안 게임'은 앞에 정관사를 붙이고 대문자로 the Asian Games라고 해야 한다. 마찬가지로 '올림픽'도 the Olympic Games이다. 참고로 '아시안게임'은 the Asiad라고도 하는데, '올림 픽'은 the Olympics / the Olympiad라고도 한다.

2018년에 한국은 월드컵 16강 진출에 실패했다.

In 2018, Korea failed to advance to the
twenty eighteen
round of 16 in the FIFA World Cup.
sixteen

PLUS+ Korea didn't progress to the second round of the World Cup in 2018.

FIFA 월드컵의 '결승전'은 the final, '준결승전(4강전)'은 the semifinals, '준준결
승전(8강전)'은 the quarterfinals라고 한다. '16강'과 32강'은 '(토너먼트 경기의)
~회전'을 뜻하는 명사 round를 써서 표현한다. '16강'은 the round of 16 teams
또는 the round of 16 finalists라고 하는데, teams와 finalists는 빼고 the round
of 16이라고만 해도 좋다. 마찬가지로 '32강'은 the round of 32라고 한다. 한편
FIFA 월드컵 본선에는 32개 팀이 참여하는데, '32강'은 the first round(1차전)에
해당하므로 32강에서 이긴 팀이 올라온 '16강'은 the second round(2차전)라고
도 한다.

Germany was eliminated in the round of 32 [thirty-two] **after
losing to France.**
독일은 프랑스에게 져서 32강에서 탈락했다.

이전 표현은
NO! **In 2018 Korea failed to advance to the 16 nations in World Cup.**
'16강'은 the 16 nations가 아니라 the round of 16이라고 해야 한다. 또한 농구나 럭비 등 다
른 스포츠 종목에도 World Cup이 있으므로, 축구 월드컵이라는 것을 나타내려면 앞에 정관사
를 붙여서 the FIFA World Cup이라고 쓰는 것이 좋다.

PART 1
: 네이티브는 '수'를 이렇게 말한다

1 마찬가지로 '1412호실'도 number를 생략하고 room 1412, 지하철 '1호선'도 number 없이 line 1이라고 할 수 있다. 다만 '10번 선수'는 number를 생략할 수 없으며 반드시 player number 10이라고 해야 한다. player number는 '(선수의 유니폼에 적혀 있는) 등 번호'를 말하는데, 여기서 number를 생략하고 player 10이라고 하면 '10번째 등판하는 선수'라는 전혀 다른 뜻이 되어 버린다.

2 100 cars는 a hundred cars라고 읽을 수 있다. 이때 〈부정관사 a + hundred + 복수형 cars〉 형식이 어색하게 느껴질 수도 있다. 하지만 여기서 a는 부정관사라기보다는 one의 뜻을 갖는 어구로 쓰였다고 생각하면 된다. 네이티브 튜터 Reilly에 따르면 one hundred cars보다는 a hundred cars라고 읽는 것이 오히려 더 자연스럽게 느껴진다고 한다.

3 이 문장에서 ratio를 percentage로 바꿔 The percentage of the old people is 13% of the total Koreans.라고 하면, 문법적으로는 맞지만 여전히 네이티브는 잘 사용하지 않는 어색한 문장이므로 주의하자.

4 a third World War에서 〈부정관사 a + 서수사 third〉 형태가 어색하게 느껴질지 모르겠지만, 문법적으로는 전혀 문제가 없다. 예상하지 못한 임의의 상황, 또는 여러 개 중에서 임의의 한 개를 나타낼 때는 부정관사 a를 사용한다. 예를 들어 '제2 외국어로서의 영어'를 English as a second language(ESL)이라고 하는데, '이들 선수들에게 영어는 제2 외국어였다'를 English was a second language for these players.라고 한다. 이때는 여러 언어 중에서 영어가 제2 외국어가 되었음을 나타내므로, 부정관사를 써서 a second language라고 한 것이다.

PART 2
: 네이티브는 '단위'를 이렇게 말한다

1 '허리가 아프다'라고 할 때의 '허리'는 back을 사용하는 게 적절하다. 예를 들어 '허리가 아파'는 I have a backache. 또는 My back hurts.이다. 한편 '골프를 치려면 허리가 유연해야 한다'의 '허리'는 '등'이나 '몸통과 엉덩이 사이의 잘록한 부분'이 아니라 '골반, 고관절'을 뜻하므로 hip을 써서 You need to have flexible hips to play golf.라고 한다.

2 '전압'을 뜻하는 단어인 voltage와 volt를 헷갈리기 쉽다. 쉽게 말해 voltage는 '(두 점 간의 전위 차를 뜻하는) 전압'이고, volt는 '전압의 단위'를 뜻한다. 이것은 distance(거리)와 거리의 단위인 meter(미터)의 관계를 생각하면 이해하기 쉬울 것이다. 따라서 '220볼트'는 220 voltage가 아니라 220 volts(줄여서 220V)라고 해야 한다.

3 네이티브에 따라서는 XL을 알파벳 그대로 '엑셀'이라고 말하는 사람도 있다. 이때는 XXL은 '더블 엑셀', XXXL은 '트리플 엑셀'이라고 읽기도 한다. 다만 XS는 알파벳 그대로 '엑세스'라고 읽는 법은 없고 오로지 extra small이라고만 읽는다고 한다.

PART 3
: 네이티브는 '금액'을 이렇게 말한다

1   $2.3 billion은 $2,300,000,000를 말하므로, two billion three hundred million
    dollars라고 읽어도 틀린 것은 아니다. 하지만 적혀 있는 형태를 최대한 존중하는 방향으로
    말하는 것이 바람직하다. 마찬가지로 $52.3 billion도 $52,300,000,000라고 적혀 있을 때
    는 fifty-two billion three hundred million dollars라고 읽는 것이 좋다. $152.3 billion
    도 $152,300,000,000이라고 되어 있을 때는 one hundred fifty-two billion three
    hundred million dollars라고 읽는다.

2   마찬가지로 '100달러짜리 책 한 권'은 a $100 book이지만, '100달러 상당의 책들'처럼 책 여
    러 권의 합계 가격을 말할 때는 $100 worth of books라고 한다. 이때는 책이 여러 권이므로
    복수형 books를 쓴 것이다. '100달러짜리 책 한 권'을 $100 worth of a book이라고는 말
    하지 않으니 주의하자.

PART 4
: 네이티브는 '물건을 셀 때' 이렇게 말한다

1   수분류사(數分類詞)란 명사의 수량 표현의 단위를 표시하면서, 그 의미를 분류하거나 한정하
    는 기능을 가진 말이다. 수분류사는 한국어, 중국어, 일본어 등 아시아 언어에서 특히 발달하
    였다. 이에 비해 영어가 속해 있는 인도유럽어는 수분류사의 발달이 미약한 편이다. 영어를 예
    로 들면 three cups of coffee(커피 세 잔)에서 cups 같은 것이 수분류사의 구실을 한다. '수
    분류사'는 영어로는 classifier 또는 measure word 정도로 말할 수 있다.

2   서양에서 숫자 12는 옛날부터 현재까지 일상적으로 자주 쓰는 단위이다. 1년은 12달이고, 시
    계에는 12개의 눈금이 있다. 지금은 사용되지 않지만 영국의 옛 화폐 단위인 1 shilling은 12
    pence였다. 이런 이유로 인해 '12개짜리 한 묶음'을 뜻하는 dozen은 자연스럽게 물건의 단
    위로도 사용되었을 것이다.

3   손잡이가 달린 것 중에서 작은 것도 cup이라고 한다. 예를 들어 '찻잔'은 tea cup, '에스프
    레소 잔'은 espresso cup이다. 크고 두껍고 동그란 컵은 우리가 흔히 '머그컵'이라고 부르
    는 mug인데, 보통 뜨거운 커피를 담을 때 사용한다. '머그컵'의 재질은 도자기, 플라스틱, 스
    테인리스 등 다양한데, 도자기로 만든 것은 ceramic mug, 플라스틱으로 만든 것은 plastic
    mug라고 한다.

4   liter의 줄임말은 L인데 1L는 one liter, 2L은 two liters라고 읽는다. 예를 들어 '나는 하루
    에 보통 물 2리터를 마신다'는 I usually drink 2L [two liters] of water a day.라고 한다.
    단, 2L가 다른 명사를 수식하는 형용사적 용법으로 쓰인 경우에는 단수형 two-liter로 읽어야
    한다. 따라서 '2리터짜리 병에 든 콜라를 한 개 샀다'는 I bought a 2L [two-liter] bottle of
    Coke.라고 한다.

5 '카누 5개만 갖다 줘'라고 할 때 Get me 5 packets of KANU.는 좋지만, Get me 5 packs of KANU.라고 하면 살짝 어색하다. 5 packs라고 하면 '5상자'라는 뜻이 쉽게 연상되기 때문이다. 5 packs of KANU는 '카누 5개'를 뜻할 수도 있고, '카누 5박스'를 뜻할 수도 있기 때문에, 둘 중 어떤 것을 의미하는지 듣는 사람이 헷갈릴 수 있다. 물론 대화하는 사람 간에 무엇을 말하는지 맥락이 분명한 경우라면 pack을 써도 문제 없다.

6 Take some shorts with you.는 두 벌 정도를 가져가라는 뜻이고, Take several shorts with you.는 서너 벌을 가져가라는 뜻이다.

PART 5
: 네이티브는 '시간·기간'을 이렇게 말한다

1 대명사 it이 '그것'이라는 뜻이 아니라 날씨, 시간, 거리, 요일 등을 말할 때 관행적으로 주어로 쓰이는 경우가 있는데, 이것을 '비인칭 주어'라고 한다. 이 문장의 주어 it도 비인칭 주어로 쓰인 것이다. 여기서 it은 today라고 생각하면 이해하기 쉽다. 다시 말해 Today is March 9.를 It's March 9.라고 한 것이다. 물론 It's March 9 today.라고 해도 좋다.

2 after a few days 대신 in a few days를 사용할 수 없는 경우도 있다. 예를 들어 '그가 전화해서 13일에 온다고 했는데 실제로는 며칠 후에 왔다'는 He told me he would visit me on the 13th, but he actually came here after a few days.라고 한다. 여기서 after a few days는 '기산점(13일) 이후 며칠 후에'를 뜻한다. 따라서 이때는 '지금으로부터 며칠 후에'를 의미하는 in a few days는 쓸 수 없다.

3 날짜를 적을 때 March 15th, 2021처럼 정관사 없이 서수로 표기하는 경우도 있지만 March 15, 2021처럼 기수로 표기하는 것이 훨씬 정확하고 바람직하다.

4 다만 네이티브에 따라서는 since two years ago가 나쁘지 않다는 의견도 있다. 네이티브 튜터 Michelle도 이 표현이 그다지 이상하지 않다고 했다. 그럼에도 불구하고 대부분의 튜터들이 어색한 표현이라고 지적했으므로 since two years ago를 말할 때 피해야 할 어구로 분류했다.

5 문법적으로 보면 This novel's setting is during the last years of King Sejong's reign.은 〈주어 + be동사 + 부사구〉 형태를 취하고 있는데, 여기서 '부사구'는 문장의 필수성분이다. 이것을 SVA 구문이라고 하는데 성질상의 전통적인 문법에서 말하는 2형식 SVC(C=형용사, 명사구)와 같은 구조이다. SVA의 '부사구'에서는 전치사 없이도 그 의미를 밝히는 데 별다른 지장이 없고 문법적 기능도 분명하기 때문에 전치사를 쉽게 생략하는 것 같다. 아울러 이는 be동사의 경향이기도 하다. 예를 들어 He's of the medium height.(그는 키가 중간이다.)에서도 전치사 of는 생략 가능하다. 반면 This novel is set during the last years of King Sejong's reign.은 〈주어 + 동사 + 목적어〉의 수동태 문장이다. 여기서 부사구 during the last years of King Sejong's reign은 전치사 during이 빠지게 되면 그 의미가 무엇인지 알 수도 없고 문장에서의 역할도 불분명하게 되므로 전치사 during을 생략할 수 없다.

PART 6
: 네이티브는 '위치·장소'를 이렇게 말한다

1 반드시 정해진 규칙이 있는 것은 아니지만, 미국에서는 건물에 알파벳으로 동 번호를 부여하고, 각 동의 호수는 숫자를 부여하는 것이 일반적이다. 따라서 R21은 R동 21호를 뜻한다. 한편 Pkwy는 Parkway의 줄임말로, '공원을 사이에 둔 도로'를 뜻한다. Boulder(볼더)는 도시 이름이고, CO는 '콜로라도(Colorado) 주'의 줄임말이다.

2 한국 고속도로에서는 이것을 흔히 junction이라고 하는데, 이것은 맞는 표현이다. 고속도로의 interchange는 junction이라고도 한다. 다만 junction은 보다 넓고 다양한 뜻으로 쓰인다. 고속도로이든 일반 도로이든 '(도로와 도로가 만나는) 분기점, 교차로'는 모두 junction이다. 아울러 철도 노선과 다른 노선이 만나는 지점 역시 junction이라고 한다.

3 조지아주의 경우, I-85도로의 174마일, 175마일, 176마일 지점에는 교차되는 도로가 따로 없기 때문에 Exit 174, Exit 175, Exit 176는 존재하지 않는다. 그러므로 Exit 173 다음에 있는 출구 번호가 Exit 177가 되는 것이다.

PART 7
: 네이티브는 '비교·증감'을 이렇게 말한다

1 사실 than은 전치사로 쓰이기도 하고, 접속사로 쓰이기도 한다. than이 전치사인지 접속사인지는 학자들 사이에서도 오랫동안 논쟁이 있어 왔다. '우리 오빠는 나보다 4살 더 많다'를 My brother is 4 years older than I am.이라고도 하는 것을 볼 때 than은 접속사로 쓰인다고도 할 수 있다. 물론 쉽고 간단한 것을 선호하는 현대 사회에서 이 표현이 좋다고 하는 사람은 거의 없을 것이다. 대체로 than은 전치사로 기능하는 경우가 많으므로 여기서는 '전치사'로 칭했다.

2 '(사람)을 (병명)으로 진단하다'라고 할 때 〈diagnose + 사람 + with + 병명〉 형태로 사용한다. 수동태로 쓴 〈be diagnosed with + 병명〉은 '(사람)이 (병명)으로 진단[판정]되다'라는 뜻이 된다.

3 한국에서는 percentage point의 축약형으로 %p가 광범위하게 사용되고 있으나, 영어권에서는 일반적으로 %p를 비표준적(non-standard)인 것으로 본다. 축약형으로 표기할 때는 소문자 pp로 쓰는 경우가 많은데, 이보다는 스펠링 그대로 percentage point라고 쓰는 것이 더 일반적이다. 참고로 5.4%에서 3.4%로 감소한 것은 퍼센트로는 37.04% 감소한 것이다. 5.4% – 3.4% = 2 percentage points의 차이를 퍼센트로 나타내면 (5.4% – 3.4%)/5.4% × 100 = 37.04% 감소한 것이 된다.

PART 8

：네이티브는 '등급·정도'를 이렇게 말한다

1 영어로 굳이 말하자면 '너는 반에서 몇 등이니?'는 What is your ranking in your class? 라고 하고 '이번 시험에서 학급 석차는 올랐는데 전교 석차는 떨어졌다'는 I moved up in class ranking with this test but moved down in overall ranking for the whole school. 정도로 옮길 수 있다. 하지만 성적 등수에 대한 개념이 없는 네이티브는 이 문장을 들어도 정확히 무슨 뜻인지 이해하지 못 한다.

2 중학교 2학년은 나라에 따라 7학년이 될 수도 있고 8학년이 될 수도 있다. 5-3-4 학제를 채택하고 있는 미국의 여러 주에서는 7학년(a seventh grader)에 해당하겠지만, 6-3-3 학제를 취하고 있는 한국의 경우는 8학년(an eighth grader)이 된다.

3 사실 영어에는 '삼류대'에 상응하는 개념이 없다. 하버드 대, 예일 대 등이 속해 있는 아이비 리그(Ivy League) 등을 가리켜 '일류대(top/prestigious/elite university)'라고는 하지만, 거기에 미치지 못하는 community college 등을 가리켜 '삼류대'라고 비하하는 법은 없다. 일단 미국의 대학들은 외형적인 측면에서도 캠퍼스나 건물 등이 일반적으로 훌륭하고 교육 프로그램도 잘 갖춰져 있다. 아울러 어떤 레벨의 대학에 입학한 후에라도 일정한 요건을 갖춘 다음에 다른 좋은 대학에 편입하는 경우도 많고, 학생들에 따라서는 전략적으로 수업료가 저렴한 community college에서 기초 과정을 수강하고 나중에 수업료가 비싼 대학으로 편입하는 경우도 있기 때문에 대학을 굳이 일류, 이류, 삼류로 나누지 않는다.

4 '공무원'은 civil servant / government official / government employee / public official이라고 한다. '나는 7급 공무원이다'를 I'm a grade 7 civil servant.라고 할 수도 있지만, 대화하는 상대가 내 직업에 대해서는 이미 알고 있는 상황에서는 civil servant는 생략하고 말해도 된다.

5 통계 데이터 분석에 따른 평균값 등을 언급하는 경우라면 more than 6가 '7명 이상'이라고 단정할 수는 없다. 이 경우 more than 6는 문자 그대로의 뜻, 즉 '6명 초과'를 뜻한다. 예를 들어 6.1, 6.2, 6.01, 6.001, 7, 7.1, 8, 8.1명 등 6명을 넘는 모든 수를 뜻할 수 있다.

PART 9

: 네이티브는 '스포츠'에서 이렇게 말한다

1 '전반[후반] 몇 분에'는 전치사 into를 써서 〈숫자 + minutes into the first[second] half〉라고 하거나 전치사 in과 서수를 써서 〈in the + 서수 + minute in the first[second] half〉라고 한다. 따라서 '그는 전반 12분에 선제골을 넣었다'는 He scored an opener 12 minutes into the first half.와 He scored an opener in the 12th minute in the first half.를 둘 다 쓸 수 있다. 여기서 in the 12th minute처럼 전치사 in과 서수 12th를 쓴 이유는 '전반전의 12번째 분 동안', 다시 말해 '12분 1초부터 12분 59초 사이에' 선제골을 넣었기 때문이다. 참고로 전치사 after를 써서 12 minutes after the first half라고 하면 '전반 종료 후 12분 만에'라는 전혀 다른 뜻이 되므로 주의하자.

2 골프에서 match라는 단어를 쓰기도 하는데, 이때는 경기 운영 방식을 나타낼 때 쓰인다. match play는 매 홀마다 승자와 패자를 가리는 플레이 방식이다. 즉, 18홀 동안 누가 더 많은 홀에서 이겼는가로 승부를 결정한다. 이에 반해 stroke play는 18홀 또는 72홀의 누적 스코어로 승부를 가리는 방식이며, 대부분의 프로 골프 대회는 이 방식으로 운영된다.

3 '3점슛 5개'를 적을 때 가장 좋은 표기법은 five 3-point shots이고, 그 다음으로 괜찮은 표기법은 5 three-point shots 또는 five three-point shots이다. 단, 5 3-point shots라고 쓰면 아라비아 숫자가 연달아 나오기 때문에 가독성이 떨어지므로, 이렇게 쓰는 건 피하자.

4 '헤딩'은 header라고 해도 되지만 동사 head를 활용해 표현할 수도 있다. '헤딩으로 골을 넣다'는 score by[with] a header라고 하거나 score by heading the ball 또는 head in이라고 한다.